ÉMILE GOUDEAU

POÈMES PARISIENS

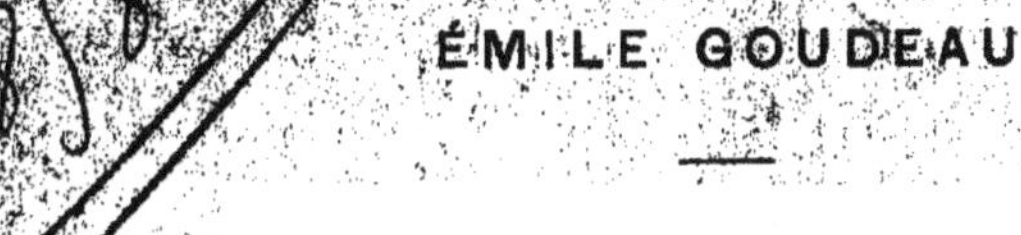

ILLUSTRATIONS DE CH. JOUAS

GRAVÉES SUR BOIS PAR H. PAILLARD

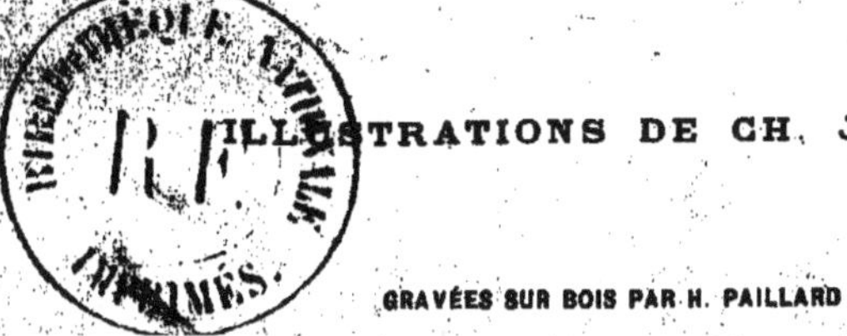

PARIS

IMPRIMÉ POUR HENRI BERALI

1897

EMILE GOUDEAU

POÈMES PARISIENS

TIRAGE UNIQUE

A CENT TRENTE-HUIT EXEMPLAIRES

sur papier de Chine

numérotés à la presse

N°

DÉPOT LÉGAL

ÉMILE GOUDEAU

POÈMES PARISIENS

ILLUSTRATIONS DE CH. JOUAS

GRAVÉES SUR BOIS PAR H. PAILLARD

PARIS

IMPRIMÉ POUR HENRI BERALDI

1897

Émile Goudeau.

Périgourdin de Paris. Ou Parisien du Périgord
(la truffe périgorde n'est-elle point essentiellement
parisienne?).

Éducation classique :

> J'ai passé mon enfance à l'ombre des églises ;
> Les prêtres m'enseignaient des légendes exquises,
> Du latin et du grec, et l'art de saluer....

Élevé par les prêtres, a fini par prêcher la poésie dans les salons — et les cabarets.

Attaché au ministère des Finances, a quitté ce palais du Budget pour la comptabilité vague du club des Hydropathes, où tant de poètes apprirent le mépris de la fortune.

Fervent admirateur des exquises mondanités, ou demi-mondanités, qui vont au Bois, fut un des piliers principaux du Chat Noir — du premier Chat Noir surtout, qui instaura sur la Butte Montmartre, à deux pas du Sacré-Cœur, le culte des Muses de Willette.

A mené, de la sorte, une existence contradictoire, une vie en partie double, — singulier revenez-y des principes puisés jadis à la Comptabilité publique.

En attendant qu'on dise de lui (le plus tard possible !), sur une plaque posthume, le Né en..., Mort en..., aime la vie pour la vie.

Débuta dans les Lettres en 1878, par Fleurs du Bitume, *petits* Poèmes parisiens (*Lemerre, éditeur. — Réédité chez Ollendorf, 1885, et troisième édition 1895*).

En 1879, fondation du club des Hydropathes, et de l'Hydropathe (*journal, né le 20 janvier, 31 numéros illustrés*).

En 1882, fondation du journal le Chat Noir, *Émile Goudeau, rédacteur en chef.*

En 1884, Poèmes ironiques (*un volume, chez Ollendorf*).

En 1885, la Vache enragée, *roman (Ollendorf). De cette* Vache enragée *devait onze ans plus tard surgir à Montmartre la* VACHALCADE !!! (*Goudeau, président*).

En 1886, Voyages de découvertes de A-Kempis à travers les États-Unis de Paris (*Jules Lévy, éditeur*), *dessin de Henri Rivière, couverture de Chéret.*

En 1887, Le Froc, *roman (Ollendorf).*

En 1889, Corruptrice, *roman (Charpentier).*

Entre temps :

Les Billets Bleus, *illustrations de Fernand Fau* (*Librairie illustrée*).

Dix Ans de bohème (*Librairie illustrée*).

Et depuis :

La Chanson, revue politique interprétée par l'auteur sur le théâtre du Lion d'Or (*Ollendorf, éditeur, 1892*).

Paysages parisiens (*bibliophilie H. Beraldi*), 1892, *bois et eaux-fortes de Lepère.*

Paris qui consomme (*bibliophilie H. Beraldi*), 1893, *illustrations de Pierre Vidal.*

Paris-Almanach, *1895 (chez Sagot), lithographies de Dillon.*

Paris-Almanach, *1896 (chez Sagot), lithographies de Meunier.*

Chansons de Paris et d'Ailleurs, *un volume de poésies, 1896 (Charpentier).*

Enfin, ici même :

Poèmes parisiens (*bibliophilie H. Beraldi*), 1897, *bois de Jouas gravés par Paillard. Choix exclusivement fait par le bibliophile — avec l'aimable autorisation de MM. Ollendorf, Charpentier et Fasquelle — de pièces qui, dans* Fleurs du Bitume, Poèmes ironiques *et* Chansons de Paris et d'Ailleurs, *parlent du Paris vivant et actuel; plus, quelques poèmes inédits écrits spécialement pour ce volume, dédié à ceux qui aiment*

Paris et qui l'adorent comme un immense poème de la Vie.

Sans compter d'innombrables chroniques jetées aux quatre bornes du journalisme.

Entre le Né en... et le Mort en..., ajoutera sans doute à cette liste d'autres œuvres.

A moins qu'ayant gagné quelque gros lot, il ne se contente de les rêver....

E. G.

FLEURS DU BITUME

FLEURS DU BITUME

Le train, qui t'amena des lointaines provinces,
    Depuis longtemps est reparti.
Oublie, enfant, un peu les naïvetés minces,
    Deviens grand, toi qui fus petit.

Paris qui m'appartient est une vaste arène
    Pour l'amour et l'ambition ;
La rue est aujourd'hui la seule souveraine :
    Porte-lui ta dévotion.

Tu n'as pas de foyer dans cette Ville grande ?
    Vas à l'auberge du hasard !
Des épouses et des amis de contrebande...
    On trouve de tout au bazar.
D'autres, à toi pareils, et plus que toi bohèmes,
    Se sont élancés du Trottoir,
Pour faire de leur vie étrange des poèmes
    Pompeusement vêtus d'espoir.

Aussi ne songe plus aux forêts, aux prairies,
    Les squares sont mieux ratissés !
Les soleils de là-bas berçaient les rêveries :
    Par le gaz ils sont remplacés.

Que t'importent la rose et l'humble marguerite,
Et l'insupportable muguet?
Le bitume a des fleurs dont le parfum irrite :
Va donc m'y cueillir un bouquet.

LE POÈTE

J'y vais ; je ferme le livre
Où j'inscrivais mes vertus ;
Mes remords sont combattus
Par le désir de voir vivre.

Aussi je donne congé
Aux hommes morts de Plutarque.
Dans la foule je m'embarque
Sans crainte et sans préjugé.

J'irai voir parmi la brume,
Sous les becs de gaz fleuris,
S'il est certain qu'à Paris
Tout pousse sur le bitume ;

Si la chanson des vingt ans,
Les stances bien attifées,
Y courent comme des fées
Par la pluie.et le beau temps ;

Si l'antique Poésie,
Quittant le sacré vallon,
Y vient prier Apollon
De lui payer l'ambroisie ;

Si vraiment, près des ruisseaux,
Le poète noctambule
Peut entendre, au crépuscule,
Quelques gazouillis d'oiseaux ;

Ou si — nouveauté superbe ! —
Le rêve sorti du cœur
Peut chanter un air vainqueur,
Sans eau, sans nid et sans herbe.

LES ROMAINES

LES AFFRANCHIES

Les voyez-vous passer, les belles affranchies ?
Sur les chemins sablés et les routes blanchies
Que l'esclave arroseur humecte à longs jets d'eau,
Leurs chars à huit ressorts volent, et le badaud
Lutécien s'écrie : Oh ! la belle païenne !

Elles suivent au trot la voie Élyséenne,
Derrière elles laissant le vieux palais des rois,
Et le Forum couvert où l'on fit tant de lois.
Elles montent, lançant des œillades de Parthe,
Jusqu'à l'Arc Triomphal de César Bonaparte.
O Romains de Paris, regardez-les de loin
Passer dans leur orgueil, le fouet d'ébène au poing :
On dirait qu'à l'appel de ces belles auriges
Sont descendus des vieux bas-reliefs les quadriges
Que sculpta dans le marbre un fèvre ausonien ;

C'est ainsi qu'elles vont au bois Boulonien
Respirer le printemps. La porte Maillotine,
Large, s'ouvre devant leur foule libertine.
Bientôt par les sentiers, sous le grand soleil d'or,
On les voit persiller autour du lac major.

Parfois, croisant leur char, quelque pubère équestre
Leur envoie un salut amical de la dextre ;
Tandis qu'un sénateur, un consulaire, un vieux
Tribun, en tapinois les dévore des yeux.
Oh ! Vénus a donné le charme à ses prêtresses !
Dans leurs cheveux, on sent le souffle des caresses
Agiter les grands plis du long voile fuyant ;
Leurs yeux sont agrandis par le Kold-Indian ;
Comme un couple rival des aurores vermeilles,
Deux perles de l'Assur brillent à leurs oreilles ;

Sous le péplum brodé ces guerrières d'amour
Ont enfermé leurs seins candides; et c'est pour
Couvrir leurs flancs qu'avec des mains endolories
Le Sère de Lyon a tissé des soieries,
Et que le Celto-Belge a cultivé le lin.
Les voyez-vous passer dans leur luxe divin !

Méherculé ! pourtant elles furent esclaves!
Des sabots de noyer leur servirent d'entraves,
Et, dans le dur sayon de toile, leurs appas
Sirénéens étaient comme s'ils n'étaient pas.
On les voyait, parmi les plaines de la Gaule,
Tenant entre leurs doigts une branche de saule,
Mener paître le long des fossés, pataugeant,
Ou l'ovine famille ou la porcine gent.

Climène, dont raffole une tête à couronne
Princière, au temps défunt servait une matrone :
Vestale de cuisine, avec son regard bleu
Au fond d'un sous-sol gras elle guettait le feu ;
Cinthia, le plus beau faciès de Minerve,
Tout enfant, s'en allait, pauvre mignonne serve,

Percer de son aiguille un tissu syrien,
Qu'elle achète aujourd'hui pour un peu moins que rien ;
Araminte, une brune, et Lesbie, une blonde,
Portaient jadis son linge à monsieur Tout-le-Monde ;
Temps funeste ! où Chloé, suppôt de Cupidon,
Pour son père Cerbère a tiré le cordon.

Mais toutes, comme on chasse une bête importune,
Ont oublié les ans de mauvaise fortune,
Et boivent le plaisir à bouche que veux-tu.
Honni soit l'esclavage affreux de la vertu,
Le cachot du devoir, le verrou de la vierge !
Sur l'autel de Vesta laissons fumer le cierge
Et s'éteindre. Évohé ! d'un bond prodigieux
Elles montent au haut du destin, vers les cieux
Étincelants de la richesse et de la vie,

Où la soif de jouir est enfin assouvie.
Adieu la pauvreté! les beaux jours sont venus!
Minerve est une sotte! évohé pour Vénus!
Plus de pain bis, de lait tourné, de beurre rance!
Une chaîne, pudeur! impudeur, délivrance!

Maintenant tu ne peux les poursuivre, ô Remords!
Elles ont pour te fuir leurs chars à huit ressorts,
Et les fougueux coursiers de la Grande-Bretagne!
La Renommée avec sa trompette accompagne,
Car elles ont soumis les plus lointains préteurs,
Et les patriciens, et les purs dictateurs,
Et jusqu'aux fils de rois des vieilles monarchies....

Les voyez-vous passer, les belles affranchies?

CIELS DE LIT

EXERGUE

A la piste des passions,
Dans le steeple-chase des vices,
J'ai laissé des lambeaux de mes illusions
A tous les buissons d'écrevisses.

EN REGARDANT LES ÉTOILES

Une nuit d'août, à ma fenêtre,
Je respirais l'air peu champêtre
Que Dieu distribue à Paris,
Et je voyais, vives ou lentes,
Passer les étoiles filantes
Sur les zodiaques surpris.

Sans doute les Houris s'amusent
A voir si leurs diamants s'usent
A rayer la glace des cieux ;
Elles y tracent, ces commères,
Les arabesques éphémères
De nos amours capricieux.

Sous le ciel de lit immobile,
La passion s'allume et file
Pour disparaître sans retour.
Quand donc, en un ciel moins prolixe,
Trouverai-je une étoile fixe,
Une étoile fixe d'amour?

LA DERNIÈRE VALSE

Sous l'archet divin tournez, folles filles,
Sous l'archet divin d'Olivier Métra :
La valse s'écroule en Niagara
De tristes bémols et de joyeux trilles.

Au milieu du grand taratantara,
Désinvolturez vos flancs de torpilles :
Le sylphe du bal, prince des quadrilles,
Sur son bras d'acier vous enlèvera.

Étrangement chaude, étrangement pâle,
La femme se tord sous l'étreinte mâle.
Comme un cercle fou le parquet s'enfuit.

Dans l'inexprimable et mourant vertige,
L'archet est un fouet vivant qui fustige :
Démons lumineux, tournez dans la nuit !

POURQUOI JE NE T'ÉPOUSE PAS

Des brunes! Et combien de blondes ou châtaines!
Des regards bleus ou noirs! Jeunes filles lointaines
Déjà, que mes deux yeux ne reverront jamais!
Fleurs très chástes d'amour nubile que j'aimais!
Quelle route normale et plane aurait suivie
Ma vie unie à tout jamais à votre vie!

Le mariage! un mot terrible! Et cependant
Ce mot m'a fait rêver parfois, en regardant
Quelqu'un de ces profils délicats et sans plâtre
Au calme frais d'un rêve assis au coin de l'âtre.
Elles avaient des noms qui sont restés en moi
Et que je n'ai jamais pu revoir sans émoi :
Jeanne, Albertine, Blanche, Élodie, Anne et Rose,
Avec un tas de doux surnoms à l'eau de rose.

Jeanne surtout, profil judaïco-païen
Encadré de cheveux d'un blond vénitien,
Si charmeuse et moqueuse ainsi qu'un joli merle.
Il me souvient d'un soir où je l'appelai « perle »
Au bout d'un acrostiche idiot très galant....
La fin de ce poème ébauché reste en blanc.
Et pourquoi n'épousé-je pas ces Arabelles?
Être cocu plus tard m'est bien égal, ô belles!
Mais d'avance je suis las et tout ébahi
Des efforts qu'il faudrait pour aller jusqu'au oui.
Ma paresse!... Songez, épouses disparues,
Que j'ai trop peu de temps, et Paris trop de rues.

Venir, aller, courir! Courir, aller, venir!
Le fiacre! le tramway! Sans manger, sans dormir!

Se rendre chez l'adjoint du maire, à la mairie,
Pour qu'il fixe le jour, l'heure où l'on nous marie,
Et pour rectifier, après force babil,
Les bourdes d'un état civil très incivil ;
Presto chez le curé, dito chez le vicaire,
Pour payer un sermon pas bien long, mais vulgaire,
Et pour laver mon âme au bénitier du coin.
Et puis les fournisseurs !!!... Ensuite le grand point :
Choisir un logement. — Bon : Parlez au concierge....
On lui parle. Le monstre à votre appel émerge
De son antre, et vous offre un sous-sol gras, ou bien
Une mansarde dont vous ne voulez pour rien. —
Fouette cocher ! ailleurs. Du premier au sixième
Il faut tout voir. Tant pis ! Je prendrai le troisième. —
Débat contradictoire acharné sur le coût.
Et les parents ? Encor faut-il savoir leur goût.
On va voir. « Quelle ordure ! y pensez-vous ? Un antre,
Une grotte ! Comment voulez-vous que l'on entre
Là-dessous ? Il nous faut la porte à deux battants,
Le corridor immense, et du marbre dedans :
Une statue ou deux en bois, en terre, en plâtre,
Représentant Vénus, Mercure ou Cléopâtre.... »
Et les et cætera.... « Qu'en pensez-vous, maman ? » —
La belle-mère prend un air de caïman

Pour happer ce crapaud de gendre inconcevable.
On se tue à trouver ce logis introuvable :
C'est trop haut! c'est trop bas! C'est trop près! c'est trop loin
Puis en chœur : C'est trop cher!! Enfin on cherche un coin
Pour se pendre soi-même!

                Allons donc! O mignonne,
Le pays où l'amour sans chaîne papillonne
Est proche : je voudrais te montrer le chemin,
Et suivre le sentier en te tenant la main.
Je voudrais te livrer ma vie entière, et même
Ma part de paradis ou d'enfer, tant je t'aime.
Mais quand tu me diras : — Marions-nous tous deux,
Je deviendrai très froid, voyant devant mes yeux
Ce chemin escarpé qui mène à la mairie,
Peuplé de fiacres et de paperasserie,
Où des êtres suant dans leur habit, vexés
Par leurs bottes, s'en vont durement carrossés.

Tiens! mignonne, dormons dans les bras l'un de l'autre
En murmurant tout bas : Quel bonheur est le nôtre!

ALLER ET RETOUR

I

Le soleil avec des rayons tentants
    Cognant aux croisées,
Je suis allé voir le nommé Printemps
    Aux Champs-Élysées.

Les femmes étaient toutes déguisées
          En roses rosées,
Et les amoureux avaient tous vingt ans.

II

Dans l'or et l'azur les bébés marchaient
          Comme des gens ivres ;
Les cafés-concerts grands ouverts crachaient
          Les notes des cuivres,
Sonnant l'hallali des vents et des givres,
          Et loin de leurs livres
Des négociants rêveurs chevauchaient.

III

Or, j'ai vu passer en victoria
    La petite reine,
La reine des cœurs que j'aime il y a
    Plus d'une semaine.
Je fus pris aux lacs de sa robe à traîne :
    Bien lourde est la chaîne
Du pauvre Bottom, ô Titania !

IV

Ainsi disparaît, Belle, à votre aspect
  Mon enthousiasme ;
Et je m'en revins tristement avec
  Le nommé Marasme.
Car l'Amour au cœur est un cataplasme,
  Comme dit Érasme,
Ce vieux Hollandais qui parlait le grec.

SONGE, MENSONGE

Elles s'ouvrent au jour dans la rosée en perles
Sous le baiser furtif des viveurs papillons,
Et, pleines de bonté, donnent à boire aux merles,
Aux mendiants de quoi décorer leurs haillons;

Ce sont coquelicots, muguets, verveines, menthes,
Un trésor d'arc-en-ciel que le sol fait jaillir. —

Et songer qu'il y a tant de fleurs sur les pentes,
Et qu'on n'a pas le temps de toutes les cueillir !

Là-bas, les flots venus des lointains antipodes,
Se culbutent, roulant, et chantant leur chanson,
Vagues de mer ayant connu toutes les modes
Et vu tous les pays couchés sous l'horizon.
Porteuses des vaisseaux et des marins volages,
Elles disent : Vers quel Ailleurs nous en aller ? —

Et songer qu'il y a d'autres et d'autres plages,
Et qu'on n'a pas le temps de toutes les fouler !

Là-haut, Vénus et Mars, Jupiter et Neptune
Étonnent le Chaos, aïeul de l'Océan ;
Et, de leur soc de feu sillonnant la nuit brune,
Nous tracent des chemins dans l'Inconnu béant.

Elles disent « bonjour » aux errantes comètes,
Ces bohèmes munis d'un fier laisser-passer. —

Et songer qu'il y a des valses de planètes,
Et qu'on n'a pas le temps de toutes les valser !

Celles-là font vibrer l'espérance infinie,
Fugitives amours, rudes ambitions,
Après elles laissant des vapeurs de génie
Sur le sable toujours mouvant des passions ;
Douces à concevoir, et de rêves fardées,
Dans la griffe du rythme on voudrait les sertir. —

Et songer qu'il y a de frileuses idées,
Et qu'on n'a pas le temps de toutes les vêtir !

Or les belles s'en vont aux sourires, aux fêtes,
Montrant le col si pur, et le dos ingénu,
Et le sein rayonnant de l'éclat des conquêtes,
Et par tout ce qu'on voit révélant l'inconnu.

Impudiques regards ! mystérieuses flammes
Où nos cœurs maladifs se voudraient consumer ! —

Et songer qu'il y a trop de divines femmes,
Et qu'on n'a pas le temps de toutes les aimer !

Dans un envolement de jupes balayeuses
Tournent les habits noirs des valseurs amoureux.
Les neiges de la nuit s'ébattent curieuses
Aux vitres, ces remparts frêles et vigoureux ;
De factices soleils versent de chauds mensonges ;
L'orange la plus mûre a des fleurs d'oranger.

Et dire qu'à Paris il y a tant de songes,
Et que le tourbillon empêche d'y songer !

CAGE D'AMOUR

Il lui disait :

   « Je t'ai donné toute ma vie !
Au balthasar de joie où Paris ne convie
Que les riches et les gens proprement gantés,
Je t'ai fait, ma chère ange, asseoir à mes côtés.

Notre petit hôtel coquet sur l'avenue
Élargit sa façade, où la brique est venue,
Sous le toit bleu d'ardoise et sous le ciel vert-bleu,
Poser ses pans coupés rouges de sang et feu.
Deux vases du Japon ornent le péristyle;
La porte en fer forgé montre un Amour futile
Tenant un billet doux entre ses mièvres doigts;
Il porte un carton lourd de lettres pour carquois.
Le corridor est plein des plantes les plus drôles,
Et la Vénus de marbre offre ses deux épaules
Aux baisers d'un satyre admirable de rut;
L'escalier dans le fond a des aspects de luth;
Et l'on vient jusqu'ici par une pente douce
A croire, en plein frimas, qu'on glisse sur la mousse.
Ton boudoir est un rêve empli de bibelots;
Un bout de Greuze — cher — deux groupes d'angelots
Qui nous viennent d'on ne sait qui, mais authentiques.
Combien j'en ai pillé de poudreuses boutiques
Pour élever un temple à ta divinité!
Je me suis fait artiste, et je n'ai pas compté.
Regarde le pur-sang piaffant sur le sable;
Édouard et Joseph, en tenue incassable,
Attendent. On ira chez Worth, ou chez Doucet,
Chez Vever, qui n'est point à vil prix, on le sait.

Vers le Bois tu courras sous les voûtes ombreuses,
Ton bonheur insolent fera des malheureuses,
Et dans son tapecul modeste, le vieux duc
Sentira remuer un peu son cœur caduc.
Que veux-tu donc enfin, maussade? Sur ta table,
Les primeurs du Levant et le vin confortable,
Un café tellement exquis que j'en suis bleu.
Mais que veux-tu?— L'argent pour ton plaisir, c'est peu ;
Ta loge est assurée au concert, au théâtre,
Même au Casino! J'ai du v'lan! je t'idolâtre!
Puis tu m'aimes! Voyons, que peux-tu désirer? »

Elle courba la tête et se mit à pleurer.

Alors, très froid, il dit en s'asseyant près d'elle :
— « Non, je ne comprends plus tes caprices, ma belle !
Tes vapeurs, les ennuis, qui viennent par instant
Te poser sur le front une neige d'antan,
Quelque chose des jours où tu pleurais, pauvrette,
En chantant dans les cours des refrains d'amourette,
Tristes parce que gais. Ce passé te revient —
Personne n'en peut mais — lorsque le spleen te tient.
Au diable ! je suis las. Aussi, fais à ta guise.
Je vais jusqu'à la Bourse, et puis chez la marquise.

Au cercle, grand dîner! puis une main au bac :
Je crois que cette nuit il y aura le sac.
Je rentrerai fort tard, si peut-être je rentre.
Je suis comme un mari pour vous, je prends du ventre,
J'ai besoin d'une orgie, et je veux me griser.
Donnez-moi votre main que j'y pose un baiser ;
Et pleurez tant qu'il vous plaira, chère martyre.... »

Et, quand il fut parti, Mignon eut un sourire.

QUI FEMME A

Quand femme vous aurez, jeunes hommes imberbes,
Prenez un maître avec des fleurets, des plastrons ;
Envoyez des paquets de balles dans des ronds ;
Apprenez à vos yeux les allures superbes.

Ayez des aspects durs et des gestes acerbes,
Des cheveux droit plantés sur de robustes fronts,
Soyez forts, soyez sûrs, soyez nets, soyez prompts,
Car vous récolterez les querelles par gerbes.

Les autres sont debout et guettent votre bien ;
Ils dépenseront Tout pour la Femme, ce Rien :
Les nuits blêmes et l'or, le sang et la promesse.

La féminité perfide sourira
Malgré tous les serments sur le livre de messe
Ou la Bible d'Amour. — Las ! qui femme a, guerre a.

ABSENCE

Quand elle l'eut baisé follement sur la lèvre
Dans le dernier reflux de l'amoureuse fièvre,
Elle lui dit : adieu ! l'Amant dit : au revoir !
Hélas ! ce fut en vain qu'il l'attendit le soir,

Puis deux jours! Au cadran de l'horloge, la paire
D'aiguilles, que l'ennui de tourner exaspère,
Se croisa lentement durant deux lentes nuits,
Compas maussade errant au cercle des ennuis!

Que faire? — S'accouder pensif à la fenêtre?
Ça glace! — S'en aller? — Elle viendra peut-être!
Comme la nuit est longue! Il ne fera plus jour!
Bon Dieu! comme le temps est long loin de l'amour!
Comme les clochers ont des tintements d'alarmes!
Et comme il est trempé, ce mouchoir plein de larmes!

Les nuages s'en vont, pressés par un vent dur.
Le jour de février se lève. Pas d'azur!
L'amoureux, en fumant, s'est desséché la gorge;
Le sanglot geint en lui comme un soufflet de forge.
Au matin, les yeux las de larmes et le cœur
Morne, en parisien il reprit l'air moqueur.

Or, le troisième jour, elle revint, tranquille,
Lui disant : « Mon ami, tu t'es fait de la bile
Bien inutilement. » Et puis, avec douceur :
« J'ai passé ces deux nuits au chevet de ma sœur. »

L'Amour est un aveugle aveuglant; lui fit l'homme
Qui pouvait croire, et crut réellement en somme.

Jette-lui les cailloux, moraliste rageur !
Il l'aima, très jaloux; et puis, d'un air vengeur,
Il dit : « Il se peut bien qu'il soit vrai, ce mensonge. »

L'amour les remporta tous les deux dans le songe
Avec ses ailes d'or et de pourpre, là-bas.
Elle était trois fois plus tendre. — Dis, n'est-ce pas
Très doux de s'aimer bien, de le dire et le faire?
On est enveloppé d'une souple atmosphère.
Oh ! ne pensons à rien! Je t'aime, mon amant;
Je t'aime un peu, beaucoup, tendrement, follement

Et plus encore !

      Et puis, la fête étant finie,
Elle dit : « Je me sens tout à fait rajeunie. »

Ce fut alors qu'il put comprendre, mais trop tard,
Qu'elle s'était vendue au vieux seigneur Dollar

DERNIER JOUR

Prends ta robe, prends tes nattes, prends tes bijoux !
Va, je t'ai bien aimée, et je trouvais si doux
Tes gestes féminins de folle chattemite ! —
Prends ta lèvre et tes yeux, ton corps où se limite
Pour moi tout l'idéal horizon du désir. —
Prends-les, emporte tout talisman de plaisir.

7

— Va, je t'ai bien aimée ! — Ah ! prends encor, j'y pense,
Pour la mettre en ton cœur, la fleur de souvenance !
Car ces huit mois passés d'amour à tour de bras
Furent gais et pimpants et tendres, n'est-ce pas ?
— Va, je t'ai bien aimée ! — Aujourd'hui c'est ma porte
Qui s'ouvre et je te dis : Que le diable t'emporte !
Sans amertume, avec un sourire léger. —
C'est la loi du Veau d'or, ma chère, il faut changer !
Or, nous ne vivons pas dans un pays sauvage :
Respectons ce gendarme appelé décavage.
Il faut nous quitter ! Vas au bal de l'Opéra.
Ton front jeune parmi les vieux resplendira.
Tes beaux yeux noirs seront la nouvelle Grande-Ourse
Vers qui navigueront les marins de la Bourse,
Abdomen et poitrail bondés en galions,
Roulant, tanguant, pontés, lestés de millions,
Faisant voiles avec les papiers bleus de soie
Que gonfle le crédit des Banques, vent de joie.
Ils viendront jeter l'ancre autour de ton corset ;
Et l'un d'eux cassera le nœud de ton lacet. —
— Va, je t'ai bien aimée ! — En huit mois, que de fête
Lorsque tu me disais : J'ai grand mal à ma tête !
— Ne pense plus à moi, jamais, jamais, jamais !
Nous étions pauvres, sois très riche et très loin, mais

Pour te venger du temps où quelques radis roses
Composaient le menu de nos repas morosés,
Sois terrible, prends-leur tout l'argent qu'ils auront....
Que des rides d'ennui s'étoilent sur le front
De celui qui paiera tes perles de couronne !
Ne me console pas, je ris, tu vois, mignonne !
Je connais trop Paris pour me désespérer ;
Je connais trop l'amour de Paris pour pleurer.
Ah ! tu as bien raison : « L'amour n'est qu'un caprice !
Et tant qu'à faire, il faut qu'il rapporte, le Vice ! »
— Va, je t'ai bien aimée en huit mois ! — Cette nuit
Rions encor, chassons à grands baisers l'ennui.
Serre-moi dans tes bras, et laisse mes pensées
Courir, sur l'océan de mes rêves bercées !
... Tu ne veux pas, jusqu'à demain?... Ah ! pauvre nous !
Prends ta robe, prends tes nattes, prends tes bijoux !

VACHE ENRAGÉE

DÈCHE

Où sont vos doux regards et vos blanches épaules,
O folles que j'aimais au temps où j'étais fou ?
Vous avez disparu, toutes, je ne sais où,
Et mon cœur est peuplé de tombes et de saules.

Le Spleen, fils de misère, a mis la corde au cou
De mes vers qui chantaient autrefois, joyeux drôles,
Des musiques d'amour sur de neuves paroles...
Adieu, robes de soie ; adieu, velours... froufrou !

J'ai pris une maîtresse effrayamment sévère :
Crampon ! tu mets de l'eau dans le vin de mon verre,
Et mes sobres aïeux doivent être contents.

Je n'ose m'enquérir si le destin revêche
Me garde une maîtresse autre pour le printemps ;
Mais celle que je bats aujourd'hui, c'est la dèche !

LA DAME DE PIQUE

ELLE

Pstt, Pstt, Pstt! où vas-tu, poète Pique-Étoile?
Quelle mélancolie épouvantable voile
Tes yeux que j'aimerais ouverts comme des fleurs?

LE POÈTE

Une Fleur du Bitume a causé mes douleurs!

57

8

VACHE ENRAGÉE.

ELLE

Pstt, Pstt, Pstt! Je suis bonne, et l'espérance verte
Peuple de ses rayons, durant la nuit inerte,
L'heure que mes élus passent auprès de moi.

LE POÈTE

De l'inique Veau d'or j'ai subi l'âpre loi.

ELLE

Connais-tu le secret des souriantes veines?
L'argent luit dans la poche entr'ouverte des reines!
Comme des dieux, voici le valet, puis le roi :
Les as étincelants se prennent pour des astres.

LE POÈTE

Le temple de l'Amour croule sur ses pilastres.

ELLE

Pstt, Pstt, Pstt! mon palais hallucinant est tel
Que, malgré le remords, mon règne est immortel !

Soumets-toi! dis bonsoir à tes bâtardes d'Ève.

LE POÈTE

Je veux emprisonner mon âme dans le Rêve.

ELLE

Pstt, Pstt, Pstt! j'ai la clef de l'avare trésor
Où tout ce que l'on peut concevoir à prix d'or
Devient réalité sous la forme d'un songe.

LE POÈTE

Le désir d'un pouvoir impossible me ronge.

ELLE

Pstt, Pstt, Pstt! viens! réserve à d'autres ton dédain
Je suis la fille antique et grave du Destin :
Mon peuple de valets garde l'Imaginaire!

LE POÈTE

Toucherais-je du doigt le front de la chimère!

VACHE ENRAGÉE.

ELLE

Pstt, Pstt, Pstt! je connais les philtres merveilleux.
Chassant la faim, la soif, et le sommeil des yeux.
Les bras de mes amants n'ont point de lassitude.

LE POÈTE

Allons, je suis à toi, Dame sauvage et rude!

LES GRECS

Un soir Æmilios, prince de la déveine,
Résolut de gagner — *Mataïa*, chose vaine —
Quelques talents avec un sien napoléon,
Dans un obscur tripot, non loin du Panthéon.

La nuit venait : Phoïbé montra son front timide ;
Le joueur revêtit sa laineuse chlamyde,
Et vers l'antre, où Ploutos présidait aux combats,
Il vint, comme les bœufs d'Ajax, les pieds en bas.
Le temple grec ouvrait sa hideuse poterne
Au bout d'un corridor, vrai sentier de l'Averne,
Où Phoïbos-Apollon était représenté
Par un lampion mort dans l'âcre obscurité.
Æmilios entra sous la voûte de plâtre ;
Et soudain un éphèbe au tablier jaunâtre,
Qui répondait : « Vlàboum ! » quand on l'interpellait,
Sur le seuil l'accueillit. La foule qui hurlait
S'arrêta, contemplant le jeune prosélyte ;
Mais, comme il n'avait pas l'aspect d'un satellite,
Les Achéens pensifs se remirent au jeu.
Une épaisse fumée empestait le saint lieu.
Assis sur des trépieds d'une facture austère,
Les joueurs allumaient dans leur bouche un cratère,
Et leurs lèvres lançaient, par des souffles puissants,
Vers des soleils de gaz un nuage d'encens.

On voyait çà et là l'éphèbe dans les groupes :
Sur les tables de marbre il déposait des coupes,
Des amphores de verre à faux-col solennel,

Où moussait le nectar jaune et blanc, hydromel
Que Gambrinos, rival de Dyonisos l'antique,
Fait avec du houblon et de l'orge authentique.
Sur un autel de zinc trônait un Grec lippu,
Chassieux comme un vieux Priapos, mais trapu,
Auquel, pour ce motif, tous ces fils de Diogène
Portaient plus de respect qu'aux douze dieux d'Athène.

Entre temps, dans la foule, un cri retentissait :
« Nom de Zeus ! » — Quelque ponte, ayant pondu, gloussait :
« Taille ! Taille ! banquier ! » (*Tailler !* verbe de proie
Dont l'optatif futur, *gagnerai-je?* s'emploie
Avec le verbal *neuf*, ou *huit* diminutif ;
Et *faire Charlemagne* est un infinitif
Dont les pontes présents seront les participes....
Confer Nieburh, *passim* ; Burnouf : Premiers principes.)
Le ponte Æmilios, pâle, tremblant, séduit,
Écoute comme un chant de sirènes ce bruit.

Quelques Thessaliens aux puantes cnémides,
Des Argiens subtils, drapés dans leurs chlamydes,
Des gens crochus sortis de Sion, des Crétois
Fuyant le sol natal par-dessus les détroits,
Des athlètes qui n'ont des dieux aucune crainte,

Des filles de Lesbos, des femmes de Corinthe,
De leurs doigts exercés gagnaient les deniers d'or
Que des Béotiens livraient au dieu du sort,
Et que, riant tout bas, cueillait la Perfidie.
La banque les plumait, ces pigeons d'Arcadie !
Popoï ! Æmilios ne les regardait pas ;
Il voyait seulement les vainqueurs des combats,
Et cherchait — pauvre fou ! — son or dans sa ceinture.
Ce temple nébuleux, cette atmosphère impure...
Tout l'excite !... C'est l'or dansant joyeusement !
L'encéphale s'enflamme au simple frottement
De la roue ! ô Fortune !... Allons ! voici la proie !
Æmilios, debout, s'approche, et, plein de joie,
Lance sur le tapis un disque de métal.
Adieu, les chers moutons d'argent : voici l'étal !

O Grecs dégénérés ! O fils de Thémistocle !
Si vos aïeux d'airain descendaient de leur socle,
Et, quittant pour un jour les Champs Élyséens,
Venaient vous contempler, pâles Athéniens,
Ceux qui mêlaient leur sang à l'onde du Scamandre,
Ceux qui portaient si loin la gloire d'Alexandre,
Pheu ! Pheu ! Que diraient-ils s'ils voyaient leur saint nom,
Ce nom qui fait l'orgueil des murs du Parthénon,

Qui fait se redresser les cimes de Taygète,
Et vivre encor des dieux la cohue indigète,
Ce nom couvrir ainsi qu'un méchant oripeau
Des chevaliers suant le vol à pleine peau ?
En trouvant au mot « grec » cette allure ambiguë
Socratès reboirait la coupe de ciguë,
Le vieux Démosthénès cracherait ses cailloux,
Et l'ample Isocratès se tairait devant vous !
O morts de Marathon ! soldats de Salamine !
Héros marmoréens que la gloire illumine !
C'est avec l'écarté (du grec *écartaïos*)
Que vos contrefacteurs plument Æmilios.

Æmilios perdit jusqu'aux disques de cuivre.

Pauvre Béotien que la fureur rend ivre !
Les Achéens riaient ! Æmilios s'assit,
Et, remarquant sa coupe intacte, il la saisit,
Et, nerveux, il brisa contre terre le vase.
Puis, pour payer la casse, il laissa son pétase,
Et jetant un regard suprême au temple grec,
Le cœur gros, il sortit complètement à sec.
Le joueur se sentait l'encranion malade ;
Il maudissait tout bas sa stupide incartade :

« J'en jure, disait-il, par les dieux souterrains,
Je voudrais vous tenir et vous briser les reins,
O Grecs !!!... » Il s'adressait aux Argiens avides ;
Trop tard ! ses mains tâtaient ses larges poches vides....

Adieu, champs où jadis s'élevait Ilion !

Et je montrai le poing aux murs du Panthéon,
Tandis, qu'exécutant les ordres des archontes,
Des archers à pas lents venaient cueillir les pontes.

PAUVRE CHANSON D'HIVER

Ah ! pauvre ciel perclus, fond d'azur malappris,
Te voilà barbouillé comme un cœur de malade.
L'asphalte de Lutèce a l'air d'une panade....
    Comme il fait gris !

Les vagabonds brouillards s'enroulent et jouissent ;
Des ombres de passants, là-bas, s'évanouissent.
Les femmes de plaisir pleurent plus qu'on ne croit :
  Il fait si froid !

Temps d'ouate, charmant le regard de l'artiste,
Et berçant les pensers sur un ciel d'édredon ;
Mais pour les amoureux, frileux sous l'abandon,
  Il fait bien triste !

Par pitié, rendez-moi la lumière du jour,
Chers pays de là-bas, cigales monotones,
Quand sous les verts rameaux, en l'oubli des automnes,
  S'en vient l'amour.

Ce nuageux hiver brise toute ma joie !
Car mon cœur défleuri sous l'averse se noie,
Jusqu'au jour où, sur mon cercueil, noir coffre-fort,
  Viendra la mort.

TRIOLETS DE DÉTRESSE

I

LE VENT

Pourquoi pleures-tu? dit le Vent,
Le Vent d'hiver chargé de plaintes.
Ton cas est donc très émouvant?
Pourquoi pleures-tu? dit le Vent,

Es-tu le seul être vivant
Qui puisse chanter des complaintes ?
Pourquoi pleures-tu ? dit le Vent,
Le Vent d'hiver chargé de plaintes.

MOI

Je répondis au Vent d'hiver :
Les autres sont joyeux, je souffre.
Cette existence est un enfer !
Je répondis au Vent d'hiver :
Le spleen, ce camarade amer,
M'entraîne à grands pas vers un gouffre !
Je répondis au Vent d'hiver :
Les autres sont joyeux : — je souffre !

LE VENT

N'écoute pas les violons,
Ni les amoureuses antiennes

Paris a bien d'autres flonflons.
N'écoute pas les violons !
On voit, du trottoir jusqu'aux plombs,
Plus rudes douleurs que les tiennes.
N'écoute pas les violons,
Ni les amoureuses anciennes.

Écoute ce que je te dis
En gamme mineure très triste.
Entends-tu la voix des maudits ?
Écoute ce que je te dis.
Tu te croiras au Paradis
Dans cette cellule d'artiste.
Écoute ce que je te dis
En gamme mineure très triste.

*Et, parmi le ululement de la
bise qui sonne dans les tuyaux
d'orgues des cheminées, le long
des corridors mal clos, sous les
portes aussi des mansardes, se
peuvent ouïr par des oreilles de
poète les voix de désespoir appor-
tées par le vent :*

II

LES VOIX APPORTÉES PAR LE VENT

UN AFFAMÉ

Je n'ai pas mangé depuis dimanche,
Et c'est mardi soir, presque minuit.
Voici le boucher! Dieu! quelle tranche!
Je n'ai pas mangé depuis dimanche!
J'entends remuer la pâte blanche!
Le boulanger geint, et le pain cuit.
Je n'ai pas mangé depuis dimanche,
Et c'est mardi soir, presque minuit!...

UN NUMÉRO D'HÔPITAL

Je me tords la nuit sur ma dure couche,
Et je mords mes poings pour ne pas crier;
Comment assoupir la douleur farouche?
Je me tords la nuit sur ma dure couche.

TRIOLETS DE DÉTRESSE.

Pourtant je me tais ! Si j'ouvrais la bouche,
Ils viendraient encor pour me tenailler.
Je me tords la nuit sur ma dure couche,
Et je mords mes poings pour ne pas crier...

UN GRIBOUILLE TRAGIQUE

Tonnerre de sort ! il pleut à verse !
Si j'avais de quoi dormir un peu....
C'est si bon un lit très chaud qui berce !
Tonnerre de sort ! il pleut à verse !
Sous ce pont désert que je traverse
La Seine m'attire en son drap bleu....
Tonnerre de sort ! il pleut à verse !
Là, j'aurai de quoi dormir un peu....

LA DÉLAISSÉE

J'allumerai ce charbon,
Et fermerai la fenêtre.
Le marchand dit qu'il est bon :
J'allumerai ce charbon.

10

VACHE ENRAGÉE.

Que fait-il, mon vagabond?
Avec une autre peut-être....
J'allumerai ce charbon,
Et fermerai la fenêtre....

UN PASSANT SUSPECT

Le premier qui passe, il faudra lui dire :
La bourse ou la vie ! On est homme, enfin !
J'ai mendié; l'on m'a dit : Tu veux rire !
Le premier qui passe, il faudra lui dire....
Oh! minuit! L'enfant n'aura rien à frire;
Il faut bien voler ou mourir de faim !
Le premier qui passe, il faudra lui dire :
La bourse ou la vie !... On est homme, enfin !...

LE FAILLI

Demain matin, c'est la faillite,
Avec le déshonneur au bout.
Ma fille dort, pauvre petite!
Demain matin, c'est la faillite....
Moi! dans cette fiole maudite
Je vais boire mon dernier coup....

Demain matin, c'est la faillite
Avec le déshonneur au bout....

LE CONDAMNÉ

Hé! qui m'appelle, là? — Serait-ce le bourreau? —
Non : — c'est l'ombre du mort qui me poursuit en rêve.
Il me semble le voir cloué sur le carreau. —
Hé! qui m'appelle, là? — Serait-ce le bourreau?
Dire qu'ils me mettront dans leur noir tombereau,
Après m'avoir fendu, comme on fend une fève! —
Dieu! qui m'appelle encor? — Serait-ce le bourreau?
Non! c'est l'ombre du mort qui me poursuit en rêve....

III

LE VENT

Qu'en dis-tu,
Eh! beau masque!

Cœur battu,
Qu'en dis-tu?
Ta vertu
Est bien flasque.
Qu'en dis-tu,
Eh! beau masque?

CHIENNE DE MISÈRE

A me sentir suivi par cette sale bête
Dans la rue, où les gens me regardent passer,
Je hâte mon pas lourd, tant j'ai honte, et ma tête
Est contrainte de se baisser.

Vas-tu bien me lâcher, ô chienne de misère?
Quand n'aboieras-tu plus sur mes talons, et quand,
O galeuse enragée, âpre comme un ulcère,
        Voudras-tu me foutre le camp?

Si je dors, je t'entends ululer dans mon rêve,
Compagne! et dans la nuit mauvaise je te vois;
Et, dès que le matin sur les toits bleus se lève,
        Tu m'éveilles de tes abois.

Pourquoi gueuler ainsi? Tes hurlements baroques
Attirent le tailleur qui réclame son bien;
Quand depuis de longs jours tes crocs ont mis en loques
        Mon habit, qui n'est pas le mien.

Tous viennent à tes cris : la blanchisseuse morne,
Le gargotier lugubre, et l'hôte exaspéré,
Et jusqu'à l'habit bleu du monsieur à tricorne
        Qui me fait déguerpir, navré !

Il pleut! Comme un larron il faut que je m'enfuie
Sous l'averse, moitié plongeant, moitié nageant :
Chienne, tu m'as perdu mon dernier parapluie,
    Et bâfré mon dernier argent.

Je n'entreprends jamais ni course ni voyage,
A moins de m'en aller sur mes deux pieds fourbus,
Car tu m'as souvent fait refuser le passage
    Par les conducteurs d'omnibus.

Ce soir, va-t'en, ô bête infâme et saugrenue !
Vivent les chers flacons qui savent égayer !
Je suis ivre !... Mais quoi ! te voilà revenue ?
    C'est juste, puisqu'il faut payer.

Ton aboiement chronique éveillait ma maîtresse :
Las ! elle a pris son vol, doux oisel ennuyé,
Vers le Veau d'Or, ce mufle idéal qu'on caresse,
    Et qui n'a jamais aboyé.

Enfin, je suis à bout : je voudrais te voir morte
Pour ne plus supporter ton contact suffocant.
Pour la dernière fois, regarde cette porte…
C'est l'heure de foutre le camp !

SUR LA ROUTE DE CHARENTON

Enterrement étrange !
       Un ange
Est cloué dans un cercueil.
Quatre lourdes guitares
       Bizarres,
Cahotant, mènent le deuil.

11

Dans une âcre fumée
    Formée
Par les pipes de l'amant,
L'ombre de la maîtresse
    Traîtresse
S'avance tranquillement.

Plus loin, une bouteille
    Très vieille,
Dont on a bu le cognac,
Sur le pavé qui glisse
    Esquisse
Une marche *ab hoc ab hac.*

Un fantôme revêche,
    La dèche,
Sous un chapeau défoncé

Ouvrant sa gueule énorme,
    S'informe
Qui des siens est trépassé.

Le spleen diabolique
    Réplique :
C'est un frêle mirliton,
L'âme d'un très chouette
    Poète,
Qu'on emporte à Charenton.

La bouteille grivoise
    Dégoise :
J'ai ramolli son cerveau.
Oh ! dit la femmelette
    Squelette,
Mes flancs furent son caveau.

Les guitares, boiteuses
           Chanteuses,
Grinçant avec désespoir,
Geignent : La poésie
           Transie
Est un lugubre éteignoir.

Or, ma carcasse infâme,
           Sans âme,
Sortant du fond des égouts,
Regarda d'un air bête
           Ma tête
Aller au pays des fous.

Depuis lors, par la ville
           Servile
Et parmi les libres champs,

Comme en terre étrangère,
        Seul j'erre,
Sans raison, hurlant des chants.

FINS DERNIÈRES

LES DEUX VOITURES

La voiture noire n'est rien
Auprès de la voiture verte.

Trois ou quatre messieurs très bien
S'avancent, d'un pas fort inerte,
Précédant le corbillard noir

12

Qui s'en va sous ses draperies,
Avec un panache au bossoir
Et des immortelles fleuries.
Les passants lui disent : « bonsoir! »
Et plus loin on voit les figures
Des bourgeoises et des bourgeois,
Encadrées comme des gravures
Par les quatre morceaux de bois
De la portière des voitures.
Et processionnellement
Des gens à pied causent affaires;
Par savoir-vivre ils ne rient guères !
Et c'est un bel enterrement.

Il s'en va par les avenues,
Ayant le pas sur les tramways,
Sous l'œil des gardiens de la paix,
Parmi les foules mi-émues.
Dans les faubourgs tumultueux,
Au salut discret des cocottes,
Au signe de croix des dévotes,
Il s'avance majestueux.

L'enterrement n'est qu'une fête !
Et l'on revient, l'esprit dispos,
De ce lointain champ de repos,
Avec une fringale prête
Et de la soif pour plusieurs pots.

Bast ! c'est chose si triviale,
On en rencontre tant dehors
De corbillards à croque-morts,
Qu'il faut être provinciale,
Madame, pour perdre un moment
A voir passer l'enterrement.

Mais ce qui m'effraie et me glace,
Et ce qui me cloue à ma place,
Muet d'une indicible horreur,
C'est l'affreuse voiture verte,
Caisse hermétiquement couverte
Et qui galope avec fureur.
Là-dedans, le cheval emporte

Une chose innomée et morte,
Ancien cadavre déjeté,
Macchabé démissionnaire,
Qu'un carabin tortionnaire
Par lambeaux a déchiqueté.

De çi, de là, cuisses hachées,
Têtes qu'on dirait ébauchées
Par le crayon du cauchemar,
Des os et des viandes puantes,
Collant leurs surfaces gluantes :
Le vomissement de Clamart.

Ils furent pourtant quelque chose,
L'un poète, l'autre zingueur;
L'autre, fille à la lèvre rose ;
Ils eurent du sang dans le cœur,
Des passions dans la cervelle :
L'un aimait l'or, l'autre sa belle,
L'autre les fleurs, l'autre le vin...
Mais ils sont crevés à l'hospice!

Point de famille à leur service,
Et personne qui se souvînt!

Fin du travail! ou fin du vice!
Sans une fleur, sans un sanglot,
Sans un salut du populot,
Comme une denrée importune,
Tout ça vers la fosse commune!
Au galop! au triple galop!

Et je rêve parfois, grisette,
Chère mignonne marquisette,
Doux yeux de ma gentille amour,
Seins fleuris de boutons de rose,
Que le Destin, vieillard morose,
Peut bien nous réunir un jour,
Hachés par un carabin blême :
Toi, belle fille de bohême,
Qui crois éterniser le bal,
Moi, poète de carnaval,
Qui songe parfois au carême.
Il peut nous réunir... là-bas,
Crânes rompus, jambes et bras,

Résidu de matière inerte....
Ça peut arriver, sais-tu bien !

La voiture noire n'est rien
Auprès de la voiture verte.

MATINES-ROQUETTE

Scène à changements à vue.

PERSONNAGES : Le Poète, rôle qui parle.
La Dame, rôle muet.
Le Patient, rôle mime.

Soldats, manants, gentlemen, femmes du peuple, et autres de mauvaise vie.

Oui, c'est pour cette nuit. Héléna, viens, ma folle.

Le restaurant s'allume, et, comme une corolle

La mayonnaise attend les langoustes, ces fleurs ;

Les lustres à dix becs s'arment des sept couleurs....

La chaleur en buée a dépoli les vitres ;

Il fait doux ! le citron déjà guette les huîtres :

Ta lèvre à leur endroit a de mauvais dessins ;
Et sous le velours rouge on devine tes seins
Qui donnent, palpitants, bien du mal aux agrafes.
La tisane jaunit la glace des carafes. —
Oui, c'est pour cette nuit, sûr! On peut se fier
A la parole d'or de notre vieux greffier. —
All right! Asseyons-nous. Il est à peine une heure.
Voici le pain, voici les radis et le beurre.
La salière miroite ainsi qu'un arc-en-ciel.
Le sourire du grand larbin est tout de miel,
Au sein des favoris, double virgule noire,
Visage orné d'un nimbe à venir : le pourboire!
Oui, c'est pour cette nuit ! — Peters, Sylvain, Brébant !
Venez, Floflo, Nana, Mélochette, Banban !
Parez-vous pour la fête ! — Héléna, ma charmeuse,
Goûte de cette carpe : elle vient de la Meuse ;
Mange de ce chevreau qu'on appelle chevreuil. —
Oui, c'est pour cette nuit : les poteaux, le cercueil....
Tape, vieux menuisier, qui sais clouer les planches ! —
Héléna, nous partons : mets tes fourrures blanches.
Oh! ne fais pas l'enfant : hier, tu toussais un peu ;
Tu sais qu'à la Roquette on ne fait pas de feu.
La vitre du salon sous le rideau s'irise ;
Couvre-toi : le matin épand la brume grise.

Buvons encore un peu de champagne frappé :
Il faut se lester bien pour voir un cou coupé.
C'est comme pour aller sur mer. Hop! en voiture! —
Là-bas, dans sa cellule, et sous sa couverture,
Agité, l'homme dort l'avant-dernier sommeil
Dont monsieur de Paris prépare le réveil. —
Pourquoi pâlir, enfant? As-tu le cœur d'un lièvre?
Mets du noir sous tes yeux et du fard sur ta lèvre ;
Moi je vais allumer ce divin partagas.
Bastille! l'aube point au-dessus de Mazas,
Criblant de flèches d'or la grêle silhouette
De ce monsieur tout nu qui fait sa pirouette,
Immobile. — Oh! la rue et les noires maisons!
Seuils devant lesquels passe, au hasard des saisons,
Le panier à salade encombré de gendarmes,
Ou le corbillard lent, trempé de fausses larmes. —
Stope! Nous y voici. Le vulgaire est grimpé
Sur ses jambes pour voir ce spectacle coupé ;
Puis nous autres, les vieux soupeurs et les novices,
Cagnoteurs, reporters et petites actrices :
Un Tout-Paris mêlé. Les frères et les sœurs,
Les casquettes à pont, et les dessous noceurs.
C'est un jour de Première — ou de Dernière, un drame;
La Gaîté! l'Ambigu! demandez le programme

De la pièce, le nom des acteurs.... — Tiens-toi bien !
Épouvantablement, la porte s'ouvre : Il vient...
On le traîne... il a peur, le lâche !!... il se repose....
Ce surplis et ces blancs cheveux, c'est l'abbé Croze ;
Plus loin le substitut, puis Clément et Macé,
Puis Lui. — Mais marche donc !... c'est si vite passé !
Comme il a tressailli devant la guillotine !...
Il lorgne le triangle.... — Écoute Léontine
Qui là-bas fait semblant de s'évanouir. — Ah !!!
Ouf ! le voilà couché. — Deibler le pousse. — Rrrrâ !
Bon Dieu ! quel jet de sang !...

                    — Le soleil, sur la foule,
Lance un rayon....

                    — Et vers Clamart le fourgon roule.

Si tu t'es amusée un peu, je suis content ;
Partons dormir. Cocher ! rue X... numéro tant.

LA REVANCHE DES BÊTES

ET

LA REVANCHE DES FLEURS

Tu tapes sur ton chien, tu tapes sur ton âne,
Tu mets un mors à ton cheval ;
Férocement tu fais un sceptre de ta canne,
Homme, roi du Règne Animal ;

Quand tu trouves un veau, tu lui rôtis le foie,
    Et bourres son nez de persil ;
Tu tailles dans le bœuf, vieux laboureur qui ploie,
    Des biftecks saignants sur le gril ;
Le mouton t'apparaît comme un gigot possible,
    Et le lièvre comme un civet ;
Le pigeon de Vénus te devient une cible,
    Et tu jugules le poulet….
Oh ! le naïf poulet, qui dès l'aube caquète !
    Oh ! le doux canard coincoinnant !
Oh ! le dindon qui glousse, ignorant qu'on apprête
    Les truffes de l'embaumement !
Oh ! le porc dévasté, dont tu fais un eunuque,
    Et que tu traites de… cochon,
Tandis qu'un mot quadruple et fatal le reluque :
    Mané ! Thécel !! Pharès !!! Jambon !!!!
Tu pilles l'Océan, tu dépeuples les fleuves,
    Tu tamises les lacs lointains ;
C'est par toi qu'on a vu tant de limandes veuves
    Et tant de brochets orphelins ;
Tu restes insensible aux larmes des sardines,
    Et des soles au ventre plat ;
Tu déjeunas d'un meurtre et d'un meurtre tu dînes :
    Va souper d'un assassinat.

Massacre par les airs la caille et la bécasse....
 Sombre destinée : un salmis !
Tandis qu'un chou cruel guette d'un air bonasse
 Le cadavre de la perdrix.
Mais est-ce pour manger seulement que tu frappes, .
 Dur ensanglanteur de couteaux ?
Non. Les ours, les renards, les castors pris aux trappes
 Sont une mine à paletots :
Tu saisis le lion, ce roi des noctambules,
 Dont le désert s'enorgueillit,
Pour faire de sa peau, sous tes pieds ridicules,
 Une humble descente de lit.
Mais le meurtre, c'est peu ; le supplice raffine
 Tes plaisirs de dieu maladif ;
Et le lapin (nous dit le Livre de Cuisine)
 Demande qu'on l'écorche vif ;
L'écrevisse sera, vive, dans l'eau bouillante,
 Cardinalisée en carmin,
Et, morne enterrement, l'huître glisse, vivante,
 Au sépulcre de l'abdomen.

Soit ! il viendra le jour lugubre des revanches,
 Et l'âpre nuit du châtiment,

Quand tu seras là-bas, entre les quatre planches,
        Cloué pour Éternellement.
Oh ! l'Animalité te réserve la peine
        De tous les maux jadis soufferts ;
Elle mettra sa joie à te rendre la haine
        Dont tu fatiguas l'univers.
Or elle choisira le plus petit des êtres,
        Le plus vil, le plus odieux,
Un ver ! — qui s'en ira pratiquer des fenêtres
        Dans les orbites de tes yeux.
Il mangera ta lèvre, avide et sensuelle,
        Ta langue et ton palais exquis,
Il rongera ta gorge et ta panse cruelle,
        Et tes intestins mal acquis ;
Il ira dans ton crâne, au siège des pensées,
        Dévorer, lambeau par lambeau,
Ce qui fut ton orgueil et tes billevesées :
        Les cellules de ton cerveau.
L'âne s'esclaffera, voyant l'Homme de Proie
        Devenu Rien dans le grand Tout ;
Le pourceau, dans son bouge infect, aura la joie
        D'apprendre ce qu'est le dégoût ;
Et les Bêtes riront, dans la langue des Bêtes,
        De ce cadavre saccagé

Par la dent des impurs fabricants de squelettes, —
  Quand le mangeur sera mangé.

Mais quand l'accomplisseur de l'œuvre de vengeance
  Aura dit : Fini le Géant !
La Nature, avec sa maternelle indulgence,
  Clôra la gueule du néant.
Car tu fus quelquefois bon et plein de tendresse,
  O triste Roi des Animaux,
Lorsqu'au pays d'Amour tu menais ta maîtresse
  Cueillir les printaniers rameaux.
T'en souvient-il ? tu mis parfois à sa ceinture
  Un bouquet doux comme un ami,
Et les lilas, avec un odorant murmure,
  Sur sa gorge aimée ont dormi.

Pauvre mort, délaissé par ta maîtresse veuve,
    Dans la tombe, rappelle-toi
Le pot de réséda, la violette neuve,
    Sur la fenêtre, au bord du toit ;
Comme tu les aimais, les chères campagnardes,
    Fraîches sous leurs chapeaux rosés !
Comme elles t'envoyaient de leurs lèvres mignardes
    Des parfums chargés de baisers !
Tu fus bon pour les fleurs. — Elles suivront ta cendre
    Jusqu'à la région des morts ;
Leurs racines iront, sous la terre, reprendre
    Les particules de ton corps ;
Elles se changeront, les douces envoyées,
    En alambics mystérieux,
Elles distilleront tes chairs putréfiées
    Pour en faire un charme des yeux.
Si ta veuve s'en vient vers cette sépulture,
    — Ce qui ne paraît pas bien sûr ! —
Elles auront voilé l'abjecte pourriture
    Sous un linceul d'or et d'azur.
Et, plus tard, quand ton corps, cette chose innomée
    Que tenait le Néant-Sommeil,
Aura, grâces aux fleurs, dans la vie animée
    Repris une place au soleil,

Par les airs, un beau soir d'été, plein de chimère,
    De chants d'Amour, et de splendeurs,
Voleront, délégués par la Nature-Mère,
    Les Papillons ambassadeurs :
Sur la tombe ils viendront, en costumes de fêtes,
    Porter le baiser ingénu,
Le baiser de pardon envoyé par les Bêtes,
    Quand tu seras Fleur devenu.

LA VIE FACTICE

LE DISCOURS DU BITUME

J'arrive de Sodome et Gomorrhe, je suis
L'éternel résidu de ces antres, détruits
    Par la colère de la flamme.
On m'appelle Mer Morte! et je vis, bien portant,
Je suis un corps solide, et je possède, autant
    Que bien des électeurs, une âme.

Apporté d'Orient, comme Cham je suis noir ;
Et dans votre Paris, le long du vil trottoir,
    En d'énormes baquets je fume.
Des manants, avec des pelles et crocs de fer,
Tournent ma chair bouillie à leur brasier d'enfer,
    Et l'on me nomme le Bitume.

Ils m'étendent en vague écumeuse au dehors ;
Je bouillonne un moment, je m'apaise, et m'endors
    Comme une mer qui ferait halte.
Puis on jette sur moi du sable et des cailloux
Qui m'entrent dans le sein comme un paquet de clous :
    Crucifié, je suis Asphalte.

Soudain je suis foulé durement sous les pieds
Des passants, lestes, lourds, ingambes, estropiés,
    Soit botte, bottine ou savate :
Des souliers d'Auvergnats et des talons pointus,
Les vices sautillants, les pesantes vertus,
    Le derrière des culs-de-jatte ;

Paris piéton : Paris qui court à son bureau,
A l'atelier, au vol, à l'amour, au bourreau,
    Paris désœuvré qui badaude,

LE DISCOURS DU BITUME.

Paris viveur, tanguant, roulant et louvoyant,
Paris religieux, et Paris incroyant,
    Le capucin et la ribaude.

On a, pour me frapper, des joncs souples et durs ;
Pour me salir, on crache ; on me couvre d'impurs
    Et gluants bouts de cigarette ;
L'ivrogne se confesse à moi dans un hoquet,
L'égout m'appelle « frère », et je sers de baquet
    Au chien sordide qui s'arrête.

O Lac noir ! quel destin pour un Oriental !
O palmiers du désert ! Oh ! sous le ciel natal,
    Les astres ouvrant leurs paupières !
Être couvert de fange et de débris railleurs,
Essuyé par le sec pinceau des balayeurs,
    Et malheureux comme les pierres !

Cauchemar !... J'ai pourtant mes plaisirs : je puis voir
Les femmes à l'envers glisser sur le trottoir
    Avec leurs pieds, battants de cloche.
Elles ont tant de grâce autour de leur mollet,
La jarretière a tant de vice, qu'il me plaît
    De tressaillir à leur approche.

Cela, c'est peu! Je vois l'envers des cœurs humains,
Les consciences qui vont, par mille chemins,
    Plonger de cloaque en cloaque;
Et je ne me plains pas de tant de maux que j'ai.
O Sodome! ô Gomorrhe! enfin je suis vengé
    De la foule parisiaque!

Oui, retenant en moi tous les vices perdus,
Les paganismes fous, antiquement fondus
    Au feu des célestes colères,
J'en exprime le suc sous les pieds du passant;
Je les lui glisse aux reins, au crâne, dans le sang,
    Par certains vaisseaux capillaires.

Sous mon vernis, je cache une ébullition,
Où fondent idéal, rêves, illusion :
    Collégien ou jouvencelle.
Il n'y a plus d'enfants, — c'est un fait reconnu; —
Et le jour n'est pas loin, s'il n'est déjà venu,
    Qu'il n'y aura plus de pucelle.

Pour l'étranger austère, et le provincial,
Je suis le tentateur, et l'anti-social....
    Qu'il fuie au loin, ou je l'enlize!

Pauvre Alceste naïf, je ronge ta vertu,
Je te donne du vice à bouche que veux-tu,
    Et c'est moi qui te philintise.

Mystères de Baal, de Moloch, d'Astarté!
Toute la Phénicie, et son culte monté
    Sur une Babel méphitique!
J'imbibe de poison les nerfs, et je souris,
Moi, l'exilé du Lac, en songeant que Paris
    N'est plus qu'une ville asphaltique.

Passants, crachez sur moi! Vieux comme un trisaïeul,
Je m'appelle Mer Morte, et je suis le linceul
    D'où sont ressortis les vieux mythes.
Mon océan de boue étreint votre maison,
Et les fanges d'Asie empestant l'horizon
    Ne connaissent plus de limites.

Qu'importe sur mon dos ou savate ou soulier!
Qu'horizontalement je sois un espalier
    Où mûrissent les coups de botte!
J'ai vengé du mépris mes mères, les Cités
Mortes, qu'on entrevoit près des lieux dévastés
    Où le chacal impur sanglote.

O lacustres pays! Adieu : c'est le destin!
Je ne vois plus, comme un verre d'eau, le Jourdain
    Se fondre en vos gosiers de soufre.
Mais, cloué sur le sol, honni, maudit, sali,
Je puis dormir enfin! Mon devoir est rempli!
    Adieu, Mer Morte! Immortel gouffre!

. . . .

TAUREAUX DE PARIS

As-tu vu le toro courir en Gran Plaza,
Alors qu'à l'Animal fort et fier s'imposa
        L'astuce d'Espagnols agiles?...
Or, Paris est un cirque où des poètes fous
Viennent livrer leur âme infante aux maîtres coups
        Des serviles et des habiles.

Aussi, provincial, qu'une âpre passion :
L'Avarice, la Foi, l'Amour, l'Ambition,
    Appelle vers la Ville Unique,
Contemple, avant d'aller où le Sort te conduit,
De la Neuve Babel l'astucieux circuit
    Sur la carte géographique.

Dans cette arène atroce, où l'Espoir décevant
Promène son drapeau mobile dans le vent,
    Mirage infidèle qui bouge,
Vas-tu faire bondir contre des cœurs glacés
Tes rêves de vingt ans, tes désirs insensés,
    Pareils aux taureaux qui voient rouge?

Dans Paris clos de murs, cerclé de boulevards,
Haussant autour de toi ses quadruples remparts,
    Épargne tes forces novices.
Peux-tu courir, toi, Veau du Nord ou du Midi,
Dont la corne naissante à peine se roidit,
    Contre la Cuadrilla des Vices!

Un immense remous! un tumulte assassin!
Les verres que l'on choque, et le glas du tocsin
    La trompe du tramway qui passe ;

Les clameurs de la Bourse, et la Haine qui mord,
La chanson des Baisers, les râles de la Mort !...
    Tout vibre à la fois dans l'espace.

Dans la nuit, les lueurs de mobiles flambeaux !
D'effroyables palais, plus noirs que des tombeaux,
    Dressant leurs carcasses dans l'ombre !
Et partout les gros yeux chassieux des maisons
Espionnant la rue aux piètres horizons
    Pour jouir d'ordures sans nombre.

N'écoute pas le bal trompeur, ni les crincrins....
Songe à l'égout de Seine offrant aux riverains
    Les suicidés des mansardes !
Ouïs, dans le sanglot des usines en feu,
Les malédictions montant vers le ciel bleu
    D'un tas de figures hagardes !

Contemple les taureaux du cirque de Paris,
Qui meurent en rêvant que la Vie a son prix,
    Même au fond des bercails moroses....
Mais tu n'observes rien, sauf les gladiateurs
Recevant pour leur prix les hommages flatteurs
    Qu'épandent les Vestales roses.

Te voici dans l'arène, ô taureau saugrenu,
Provincial, qui viens tendre ton front cornu
  A la Cuadrilla du massacre.
Vois, le premier de tous, paraître au carrefour,
En habit de satin, le picador Amour,
  Monté sur un cheval de fiacre :

Il te pique le flanc de sa lance de fer,
Il te marque le dos, et sur ton col ouvert
  Il ajuste une banderille.
Si tu veux le frapper, quelque toréador :
La Faim de l'Idéal, ou bien la Soif de l'Or,
  Prend ta force qui se gaspille.

Cornes basses, suivant un menteur aiguillon,
Tu manques tes bourreaux pour atteindre un haillon
  Qu'à tes yeux sanglants on secoue.
Tandis que des harpons te déchirent la peau,
Tu te laisses berner par un vague oripeau...
  Et de toi la Foule se joue.

Quand la Cupidité t'aura mordu le flanc,
L'Ambition prendra des pintes de ton sang
  Pour faire pousser des programmes.

Les Chimères de nuit harcèleront ton cœur,
Et la Luxure, avec un poison de liqueur,
        En tes nerfs jettera des flammes.

Quand la noire Espada, la Mort aux yeux crevés,
Te couchera sur les indifférents pavés
        De quelque impasse triviale,
Comme un taureau mourant regrette le toril,
Tu pleureras le nid perdu, le nid d'avril
        De ta cité provinciale.

Sur un balcon d'azur, les-dieux parisiens :
Banquistes et banquiers, Juifs ou même Aryens,
        Riant avec de blondes fées,
En retournant leur pouce énorme de bandits,
Donneront le signal, pour que tes os maudits
        Soient joints à leurs autres trophées.

Car, pour être un Seigneur du Cirque, il ne sied point
Courir après le Rêve aimé qui fuit au loin
        Et dans un nuage s'enroule.
Non : il faut estomac solide et souples reins,
Afin de se glisser parmi les mandarins,
        En saluant très bas la foule.

Sinon, Provincial, il en est temps encor,
Reste loin de Paris, où, mieux qu'un matador,
        Ton Espoir déçu doit t'abattre.
Laisse glisser les trains sur leurs deux rails jumeaux;
Et conserve la Paix, qui dort dans les hameaux,
        Fileuse assise auprès de l'âtre.

LES FOUS

Le Vertige noir les invite
A gambiller sur le chemin :
Les fous vont vite, vite, vite !
Sait-on qui sera fou demain ?

Vers le socle où gît la Fortune,
Vache d'or qui n'a plus de lait,
Vers le portique où se complaît
La Gloire, fille de la Lune.

Vers les Honneurs et vers les Croix,
On ouït une douce voix
Hélant les passants à la brune :
C'est Paris, la Cité-Catin,
Faisant de son corps un butin,
Qui, dans une pose câline,
Dit tout bas : « Joli brun, beau blond,
As-tu des reins, fier étalon?
Arrive, je suis Messaline! »
Ils viennent tous, les inventeurs,
Les poètes, les politiques,
Les élus des mathématiques,
Les pianistes, les sculpteurs;
Et la Reine des Capitales
Sur tant de forces génitales
Allonge ses flancs tentateurs.
Ce sont d'affreuses aventures
Mettant les nerfs sous pression
A faire craquer les jointures;
Et l'orgueil, et la passion,
Et le souci des grandes œuvres,
Et les lèvres des filles-pieuvres,
La soif ardente du nouveau,
Et la malveillance des sphinges

Font sauter les triples méninges
Dans la chaudière du cerveau.

Pan ! fêlure ! Pan-pan ! lacune !
Et ceux qui cherchaient à tâtons
La gloire, l'amour, la fortune,
Sous le rire blanc de la Lune
Vont peupler les noirs Charentons ;
Jusqu'à ce que, compatissante,
La Mort, qui seule ne ment pas,
Ait pitié de leur âme absente,
Et les reçoive dans ses draps,
Tandis qu'un nouveau fol hérite
De celui qui passe la main....

Les fous vont vite, vite, vite !...
Sait-on qui sera fou demain ?

Qui songe comment Baudelaire
Sentit sur son front entêté
Le vent de l'imbécillité
Passer en souffle de colère ?
Qui se souvient de Du Boÿs ?
Et de la Belle au teint de lys

Pâle comme une aurore claire?...
A-t-on vu, las de s'ennuyer,
Pétrus Lycanthrope aboyer?
Et Gérard de Nerval, farouche,
Suspendu comme un écriteau
— Dernier songe, et dernier tréteau —
A l'huis d'une taverne louche?
Mais naguère ce fut Cœdès,
Qui peuplait de sa fantaisie
L'épinette la plus moisie;
Et ce fut aussi Gil-Pérès,
Qui savait, comme un aspergès,
Jeter le rire à la volée
Sur la foule bariolée;
Et ce fut Guyot-Montpayroux,
Mauvais légat et bon fumiste,
Ernest Dubreuil, le librettiste,
Et tant d'autres si joyeux!... Fous!

Soudain leur crâne s'échevèle,
Étalant à nu leur cervelle
Où la Démence ouvre des trous....

Et ce fut André Gill, dont l'âme

Semblait chanter l'épithalame
De la joie et du grand soleil,
Et qui, pour goûter quelque rêve,
S'étant endormi sur la grève,
Trouva la Folie au réveil....
Et, toujours, d'autres encor, d'autres !
Certains, vifs mieux que des pinsons,
Plusieurs, lents comme des apôtres :
De cent mille et une façons
La Manie a des hameçons
Pour tous les genres de poissons.
A peine leur fait-elle un signe,
Ils dansent au bout de la ligne :
Ici drames, et là chansons.
C'est un inventeur de génie,
Gaulard, que son pays renie,
Et qui se proclame un jour dieu.
C'est Sapeck, le railleur fantasque,
Dont la gaîté ne fut qu'un masque
Qui se décolla peu à peu....
Hier, Maupassant !...

      Le Sort morose
Dont la liste n'est jamais close,
N'a pas roulé le parchemin,

Sur lequel écrit la Névrose...
Sait-on qui sera fou demain ?

Tel qui rit, et chante à la vie,
Et, d'une lèvre inassouvie,
Boit l'avenir comme un vin pur ;
Tel qui, sur sa pipe allumée,
Voit voltiger dans la fumée
Les espoirs nuancés d'azur ;
Tel qui, sous un rayon de lune,
Suit la danse de la fortune,
Va, tout à l'heure, mort-vivant,
Sentir, par une âpre veillée,
Que sa cervelle éparpillée
Se fond à jamais dans le vent....

Le Vertige noir les invite
A gambiller sur le chemin :
Les fous vont vite, vite, vite !
Sait-on qui sera fou demain ?

Astre mort, ô Lune damnée !...
Suivons, suivons la destinée !
Sait-on qui sera fou demain ?

CE QUE CHANTE LA HOUILLE

Voici, par un jour de grésil
Que novembre teignait de rouille,
Ce que, vivante sur son gril,
Me chanta tristement la Houille :

— « Je suis la terrible Forêt,
La noire Silva souterraine,
Qu'un inexorable décret
Sous le sol ténébreux enchaîne.

« Je suis le Bois, enseveli
Dans l'argile ou la roche dure,
Tordant au tréfonds de l'oubli
Mes mornes rameaux sans verdure.

« J'ai pleuré souvent mes oiseaux,
Et je pleure encor mes nuages !
Je voudrais voir quelques roseaux
Parmi mes obscurs paysages !

« Je possédais aussi des fleurs
Avant le déluge, et des mousses ;
La pluie avivait mes pâleurs,
Et le soleil mes teintes rousses.

« Or, des désastres surhumains
Me précipitèrent au gouffre,
Et, comme fleurs sur mes chemins,
Je n'ai plus que des fleurs de soufre.

« Qu'est devenu le Midi fou ?...
C'est l'éternel Minuit qui sonne !
L'haleine atroce du grisou
Remplace la brise d'automne.

« L'Ennui fantastique et géant
Berce une atmosphère énervante :
C'est, dans l'empire du Néant,
Le domaine de l'Épouvante.

« Mais, comme j'ai bu du soleil
Au temps de mes primes années,
Comme je garde en mon sommeil
D'antiques lumières fanées,

« Vous venez, durs conquistadors,
Ravir la flamme de ma veine :
Les pins défunts, les cèdres morts,
Et le noir cadavre du chêne.

« Se sevrant de lumière et d'air
Pour boire mes lourdes ténèbres,
Des esclaves dans mon enfer
Descendent, bûcherons funèbres.

« Moi, je les garde sur mon flanc
Dans mes larges bras de momie.
Je hume et digère le sang
De cette humanité blêmie.

« Parfois, un soir, — c'est soir toujours
Dans mes clairières, ces noirières, —
Le grisou souffle au carrefour,
Et les couche sur mes ornières.

« Parfois, pauvres êtres pâlis
Sous mes baisers d'amour sans terme,
Je m'ouvre... et les ensevelis
Dans mon ventre qui se referme.

« Je moissonne mes moissonneurs,
Os et nerfs, tête, et cœur, et foie !
C'est donc bien le sang des mineurs
Qui fait que ton âtre rougeoie.

« Ta cheminée est un cercueil
Où se tord quelque humaine gangue,
Et chaque étincelle est un œil,
Et toute flamme est une langue.

« Et, triturée en mes caveaux,
C'est cette humaine chair glacée
Qui chasse l'hiver des cerveaux
Et vient réchauffer ta pensée.... »

Ainsi, par un jour de grésil
Que novembre teignait de rouille,
Chanta, vivante sur son gril,
La Forêt fossile, la Houille.

Et je songeais aux gnomes noirs
Qui descendent loin des solstices,
Afin que Paris, tous les soirs,
Danse sous des soleils factices.

POÈMES IRONIQUES

LES POLONAIS

Post-face à *la Légende des Siècles.*

I

En ce temps-là, le duc Jean Soulograficski,
Prince des Polonais et Ruthènes, à qui
Sa soif de Danaïde avait donné la gloire,
Descendit longuement de son trône, et, sans boire,

Dit aux ivrognes vieux qui formaient son conseil :
« L'heure est enfin sonnée au cadran du soleil,
« L'heure où sur les Gaulois, ces buveurs à vergogne,
« Devra prédominer l'étendard de Pologne,
« L'étendard rouge et jaune et blanc, drapeau divin
« Dont la forme est bouteille et dont le fond est vin ! »
Et les vieux, inclinant leurs chevelures pâles,
Dirent : C'est bien ! — Pendant ce temps, comme des râles,
Et des plaintes de mort, montaient du fond des cours
Des roulements inextinguibles de tambours.

II

L'armée était rangée au loin sous les bannières :
On avait réuni des nations entières,
Et tous les cultes — sauf le culte musulman —
Avaient pris rendez-vous au lieu du ralliement.
Une sainte fumée, un nuage d'ivresse,
D'alcool et de tabac, tournait avec paresse
Au-dessus des guerriers ivres, sous les pennons,
Près des fûts-obusiers et des tonneaux-canons.
Or, Soulografieski, le rude gentilhomme,
Ayant tari d'un coup de langue un vidrecome
Qui lui venait du vieux Noé, vigneron-roi,
Descendit vers la plaine au dos d'un palefroi
Célèbre entre tous les palefrois de Slavie
Pour son ardeur étrange à boire l'eau-de-vie.
Quand le duc arriva, les mirlitons et cors
Sonnèrent, éveillant les guerriers ivres-morts.
Mais lui, se redressant sur ses étriers doubles,
Cria : « Salut à vous, lansquenets aux yeux troubles,
« Templiers et sonneurs, soudards mal dégrisés,
« Héroïques pochards aux ventres arrosés

« Par tout ce que la terre a produit de liquides,

« Salut ! J'ai réuni vos bataillons avides,

« Étincelants de tous les rubis de vos nez,

« Pour guider votre rage aux combats forcenés ! »

A cet appel, poussé d'une voix de rogomme,

Les ivrognes, soudain debout comme un seul homme,

Répondirent : « Salut, ô grand chef ! parle et bois ! »

Le duc, avec trois punchs s'étant remis en voix,

Dit : « Le peuple des Francs, que l'Alcool, Dieu du Boire,

« Avait comblé de sa faveur la plus notoire,

« Lui livrant tout le vin avec tout le cognac,

« Et l'absinthe, et le doux trois-six, et le tabac !

« Ce peuple a renié le seul dieu qui lui reste :

« On fait une loi sur l'ivresse manifeste !

« On l'applique !! — Ces preux, devenus buveurs d'eau,

« Vont apaiser la soif de leur pharynx badaud

« Aux mièvres monuments de Sir Richard Wallace.... »

A ce nom, leur clameur sauvage emplit l'espace —

— « Silence ! » fit l'huissier ducal en titubant.

— « Il faut, reprit le duc, mettre ce peuple au ban !

« Soulever contre lui tous les pays vignobles,

« Il faut que, pour punir tels appétits ignobles,

« Les pays du houblon envoient mille pochards

« Grossir vos bataillons autour des étendards !

« Puisqu'il existe un Dieu pour les ivrognes, Reîtres,
« Hussards, puant le vin du cimier jusqu'aux guêtres,
« Paladins, Lansquenets et Cavaliers hongrois,
« Respectons le désir de Bacchus, roi des rois! »

Là, les guerriers, frappant leurs cuirasses vermeilles,
Firent un cliquetis féroce de bouteilles;
Et, tous, ainsi qu'un bois que l'ouragan émeut,
S'inclinèrent, criant : « Dieu le veut! Dieu le veut!!! »

III

Ils marchèrent pendant trente-quatre semaines,
Par les vallons, par les coteaux et par les plaines,
Râlant des chants d'ivresse, et traversant les bourgs
En tapant sur la peau d'âne de leurs tambours!
Les renforts arrivaient tout le long de la route,
Et l'on ne s'arrêtait que pour boire la goutte ;
Quand les gourdes étaient pleines, on les vidait;
Et l'on coupait la tête à quiconque rendait.
Champagne, puis Bourgogne et Gascogne s'unirent
Aux Normands, ces buveurs de cidre, et se soumirent.
Rien ne résistait plus que Paris, où les purs
Buveurs d'eau les voyaient venir du haut des murs.

IV

Les pâles buveurs d'eau, les reins ceints d'une corde,
Étaient debout sur la place de la Concorde,
Ayant, pour les guider aux suprêmes combats,
Carêmus, empereur des mauvais estomacs,
Le prince de la Dhuys et le duc de la Vanne,
Oxyde d'Hydrogène avec sa Dame-Jeanne,
Don Benito de Lourde, et plus loin — ô stupeur! —
Le maréchal Pompier et sa pompe à vapeur.
Or la terreur muette, aquatique, et servile,
Tenait sous ses genoux de cristal la Grand'Ville!
Et l'on n'y vivait plus, car on n'y buvait plus....
Les mutins les plus fiers et les plus résolus
Étaient domptés! et l'Eau, cette artiste en naufrages,
Avait rincé les cœurs et noyé les courages.

. . . .

L'Anglais s'étant rendu, Voisin capitula,
Et d'un crêpe vert-d'eau le Riche se voila.
Les moujicks d'omnibus et les moujicks de fiacres,
Gosiers habitués aux liqueurs les plus âcres,
Maintenant l'œil atone, et le nez presque éteint,

Allaient *tuer le ver* aux gobelets d'étain
De Wallace ! O canons transformés en seringues !
Et fades, ils songeaient aux défunts mannezingues !
O vin blanc du matin ! trois-six et bock du soir !!
L'Eau maudite régnait sur Paris, Éteignoir !

V

Or, Soulografieski, là-bas, rangeait ses troupes.
Ce n'était qu'un fouillis d'ivrognes et de coupes
Que la marche forcée et titubante, hélas !
Faisait choir en désordre. On se remit au pas.
— A droite était Bacchus, prince des Vignes-Fières ;
A gauche, Gambrinus, qui gouverne les Bières ;

Au centre, ce cadet de Gascogne, Cognac,
Devant qui les géants eux-mêmes ont le trac.
Le gros major Bitter était à l'avant-garde
Auprès de l'intendant supérieur Moutarde.
Le petit colonel Vermouth serrait le frein
A son grand cheval jaune arrivé de Turin :
Il commandait le régiment d'Absinthe-Suisse,
En éclaireur, ayant sa trompe sur la cuisse,
Suivi de Radis-Beurre et du vaillant Anchois.
Oh ! l'armée homérique ! oh ! les princes ! les rois !
Les noms des Crus, les noms de la Distillerie !
Le duc d'Aÿ-Mousseux tenait l'Artillerie ;
Parmi les fantassins : Sauterne, ce lion,
Graves, avec Chablis et Saint-Émilion,
Châteaux-Margaux ! Pomard, le rationicide,
Yquem près de Vougeot, et l'Argenteuil, timide,
Mêlant sa veste bleue aux rouges Justeaucorps
Des massifs Roussillons et des puissants Cahors ;
Johannisberg le reître, et Tokay le burgrave,
Et Lacryma-Christi bouillant comme une lave ;
Puis, fièrement coiffé d'un large sombrero,
Madère-y-Muscatel-y-Xérès-y-Porto !
—Rien que pour l'aile droite, ô Gloire ! —Pour l'autre aile,
Le duc Bock, avec Stout, Faro, Porter, Pale-Ale !

L'amiral Half-and-Half, neveu de ce dernier,
Sir Scotch-Ale, Houblon, porté dans un panier
Par Orge et Buis; ailleurs Prechtel, la vieille croûte,
Et le feld-maréchal Von der Sauciss-Choucroute,
Avec Pipe-Kummer près de Royal-Tabac.
— Vers le centre, et suivant ton panache, ô Cognac!
Un flot de combattants aux couleurs alarmantes :
Mêlé-Cassis, Trois-Six, Armagnac, les deux Menthes!
Raspail, ce convaincu! Kakao, ce shoking!
Kummel le nihiliste, et Kuraçao-Focking;
Et vos trois bataillons, Chartreuses-Amazones :
Les vertes au milieu des blanches et des jaunes.
Parmi ce flot de durs et roides combattants,
J'en passe des plus fiers et des plus éructants.
Qu'importe! On fit sommer la Ville de se rendre.
Carêmus répondit simplement : « Viens la prendre! »

VI

La prendre ! — Les pochards s'élancèrent. — L'assaut
Terrible commença. Mais le gardien du seau,
Le maréchal Pompier, les noya d'une ondée :
Les pompes à vapeur crachèrent. — Rude idée ! —
Cognac pâlit ; Bacchus, secouant ses divins
Vêtements trempés d'eau, remmena ses vieux vins ;
Gambrinus, en fuyant, brisa sa pipe brune.
Et tous dégringolaient sous la douche commune,
Désespérés, sentant l'Eau, pareille au poignard,
Transpercer leur alcool vivant, de part en part.
Seul, Vermouth — très gommé — protégeant la retraite,
Put, contre ce déluge, un moment, tenir tête
Avec Absinthe. — Horreur ! Carêmus triomphait.
Et Soulografieski, très humide, étouffait
De rage. — Aussi, humant un large vidrecome,
Il cria : « Bombardons ces gens comme un seul homme.
« Alerte ! canonniers du pays des buveurs :
« O moutardiers, à nous les étranges saveurs !
« Lancez-leur le piment, les sénevés en graine,
« Et l'ail se mariant au poivre de Cayenne ! »

— Ce fut terrible! — On vit s'abattre des moissons
D'épices sur Paris. Salés et saucissons!
Le kari pétilla, l'ail fit une fumée
Énorme, empoisonnant la ville et son armée;
Les enragés piments brûlèrent les palais.
Croulez, remparts de honte, ô Wallaces, croulez!
Par l'air, le poivre roule, et le jambon se joue.
O pâles buveurs d'eau, croulez dans votre boue!
Un ouragan de sel, une trombe de feu!
Et la soif! — Oh! mourir de soif, crénomdedieu!
Une pépie atroce éclata par la ville,
Et les langues pendaient de manière incivile,
L'*aqua simplex* faisant prime à Ménilmontant!

Jean Soulografieski veillait, noir combattant.

Or, un jour qu'il suivait le rivage du fleuve,
Il dit : « C'est de ce flot que tout Paris s'abreuve? »
— « Oui, Sire, » répondit le gros major Bitter.
— « C'est bien! nous te tenons, ô Carêmus d'enfer! »
On ouvrit des fossés immenses, dans la plaine,
Par où les assiégeants détournèrent la Seine.
Et bientôt Carêmus, forcené, mais en vain,
Au lieu d'eau, sous les ponts, vit écumer du vin,

Rouge liqueur catin sollicitant la bouche!
— « Je défends, cria-t-il, que notre peuple y touche! »

O tyran! le vin pur coulait, frôlait, roulait ;
La vague rose, flot tentateur, ruisselait!
Et c'était les remous du vin, la fière écume
Du vin rouge qui, sur le ciel, s'allonge et fume :
Il en montait comme une odeur de joie en feu.
Oh! la soif! oh! mourir de soif! bon dieu! bon dieu!
— « Carêmus!! sois maudit!!! » criait un pauvre hère, —
Le fleuve rougissait les ponts, les quais de pierre!

Des révoltés hurlaient : « Tant pis, frères, buvons ! »
On en fit fusiller trois mille sur les ponts.
Et les femmes poussaient leurs cris parmi la foule :
— « Oh ! ce fleuve de vin étincelant qui roule !
Laisse boire nos fils !! » — Mais il n'écoutait pas,
Carêmus, empereur des mauvais estomacs.

VII

Alors se fit un sourd murmure dans la ville.
Brebanski, Peterska, Nottaskoff et Lathuile,
Bignonboff, Foyotwiev, Voisinstein, Durandschefs,
Marguerywiecz, Kocktail, ayant pris comme chefs

L'aimable Coupeaupaff, vrai buveur de Pologne,
Irréconciliable alcoolique ivrogne,
Et Mastrokéteski, prince de l'Assommoir,
S'assemblèrent dans un sous-sol — et puis, un soir,
Ils livrèrent au duc de Pologne les portes.
Lors, Paris vit entrer les ivrognes Cohòrtes,
Lançant le punch, ce feu grégeois ; et, pris de peur,
Les buveurs d'eau s'évanouirent en vapeur.

VIII

— Depuis ! les Polonais, gens à faces vermeilles,
Nous imposent par an cinq milliards de bouteilles
A boire, et nous payons, buvant. Depuis ce temps,

Sur le marbre des beaux cafés et restaurants,
Sur le comptoir de zinc ou la nappe rougie,
Sur la terre et la mer, debout, règne l'Orgie.

LOI DE BERTHOLLÉT

Fable chimico-philosophique.

Au pays des pilons, des bocaux, des cornues,
Des éprouvettes et des rouges alambics,
Les Acides, seigneurs voraces et très chics,
En des langues qui sont encore peu connues,

Par des vocables dont le sens est hasardeux :
Tels SO^3, AzO^5, ou CO^2,
Courtisent à loisir les Bases ingénues.
La Potasse, la Chaux, la Soude, sont trois sœurs
  A qui l'on conte des douceurs ;
Belles toutes les trois, et toutes les trois prêtes
  A subir la loi des conquêtes.
  Parmi les Acides noceurs,
Les Acides, grands fils de l'aïeul Oxygène,
Guettent comme des loups ces radieux appas.

L'Acide Carbonique, un sylphe du trépas,
  Tuant les gens à quinze pas,
Rustre que hait la Ville, et qu'adore la Plaine,
Dont les Arbres géants et doux boivent l'haleine
Et qui des bois obscurs reverdit le lampas.

Puis, l'Acide Azotique, ancien prince du Nitre :
Cinquième Honneur d'Azote, illustre, et presque roi
Au temps où l'Alchimie avait droit au chapitre :
Il saurait imposer encore un juste effroi.
Grand-duc d'Eau-Forte en des ménages disparates,
Artiste, mais coureur de dot astucieux,

Il s'est fait au pays des Métaux Précieux
      Une famille énorme de Nitrates,
      Entre autres, Nitrate d'Argent :
Ce métis tantôt blanc, tantôt noir, si changeant !
      Sous le nom de Pierre Infernale
      Est un carabin diligent ;
Mais, pour rassasier sa nature vénale
(En ataviques lois conséquence normale !),
De la photographie il est aussi l'agent.

Acide Sulfurique est puissant et liquide.
Ce seigneur Vitriol, fils du Soufre damné,
Semble pour les combats furieux être né.
Il est le vrai Néron dans le Royal-Acide.
Sa violence mord le chêne ou le métal,
Nulle prison d'acier ne tiendrait ce brutal,
Il lui faut, pour dormir, un palais de cristal.
Devant ce frère altier, le sylphe Carbonique
Et l'Azotique humide ont la terreur panique ;
Si barbares soient-ils, féroces, et semant
Le meurtre, le viol et l'empoisonnement,
Ils savent qu'en méfaits Vitriol est unique,
Et qu'il peut les réduire en rien aérien :
Ils ne sont pas Abel, mais il est, lui, Caïn !

Tels sont les grands seigneurs qui courtisent les Bases :
La paysanne Chaux qui sent fort le terroir,
La Soude dont la Mer a bercé les extases,
Et la Potasse, faubourienne du trottoir,
Apte aux hennissements des plus bouillants Pégases.

Or, il advint un jour que le cœur de la Chaux
Parla, fuma, brûla sous des effluves chauds :
Acide Carbonique eut la chance de plaire. —
    Aussitôt on va chez le maire.
Juste, c'était le grand chimiste Berthollet,
Qui, très civilement, dans un bocal discret,
Les combina. La Chaux, sans délai, devint mère
    D'un très candide enfantelet,
    Un jeune Sel, qui prit avec épate
    Le nom de Carbonate.

Entre temps, délaissant les Métaux Précieux,
    Azotique, grand duc d'Eau-Forte,
S'empare de la Soude extatique et l'emporte
    Vers de romanesques cieux.
Mais l'amour idéal fatigue, l'on se boude,
On se querelle avec des mots rimant en zut,
Si bien que l'Azotique, un soir, lâchant sa Soude,

LOI DE BERTHOLLET.

Chez la terrestre Chaux arrive tout en rut.
Et voilà Carbonique à la porte, et l'Acide
Nouveau venu, très othellesquement jaloux,
Extermine (ainsi font les sultans) sous ses coups
L'héritier Carbonate. O morne infanticide !
        Puis, pour remplacer l'enfant mort,
Dans le flanc de la Chaux, sans remords, sans effort,
        Il engendre Azotate.

Mais un divin proverbe extrait de la Vulgate
        Dit que, lorsqu'on prend un amant,
        On n'en saurait trop prendre.

La Chaux, ayant la chair solide et le cœur tendre,
Devait chercher encor, toujours, fatalement !
Elle rêvait de Sulfurique, le grand homme,
Don Juanesque et Néronesque maximum,
Roi de l'Acide-Club, empereur de la Gomme,
Le lutteur Vitriol, celui que l'on renomme,
Des bocaux Sorboniens aux bocaux Muséum,
        Pour saper la vertu des Bases,
        Et pour imaginer des phrases
        Qui vous tireraient du sacrum
            Des *Te Deum*.

Un soir que les Métaux et les Métalloïdes
    Donnaient un bal chez Berthollet
(Les Alcalis valsaient, et plusieurs corps solides
Jouant au whist gardaient un silence complet),
Acide Sulfurique apparaît dans la salle....
— « Vitriol! Vitriol!! Vitriol!!! » clame-t-on....
Les valseurs, les joueurs de poker, de boston,
Sont saisis d'une peur hirsute et colossale.
Mais lui, sans grand souci du cant ni du bon ton,
Saluant Berthollet d'un geste d'autocrate,
Précipite Azotique, élimine Azotate,
Et s'enfuit, emportant la Chaux comme un glouton.
De ce nouvel amour naquit le Sel Sulfate....
Mais tu dois être lasse enfin de t'avilir,
O misérable Chaux, Base déshonorée!
Elle passe et s'en va, la nuit, énamourée!
Si pâle que tu sois, tu dois encor pâlir!
Le châtiment bientôt s'approche et te menace,
Car voici ta catin de sœur, l'âpre Potasse!

Mon dieu, cette Potasse avait fort mal tourné!
C'était une excentrique à fauve chevelure,
    Œil vif et teint fané,
Qui traîna d'un bon train sa traîne. — Une roulure! —

Mais elle avait, depuis, à peu près savonné
Sa personne, son nom, ses allures lascives,
        A force de lessives, ·
      Et possédait hôtel capitonné.
Sulfurique devint le vainqueur et la proie
        De l'ancienne fille de joie;
Et la Chaux dut partir, emportant au couvent
        Appelé Laboratoire
        Son veuvage expiatoire,
Et ses plaintes que seul daigne écouter le vent.
        Car la Potasse
        Est si tenace
        Que Sulfurique vieillira,
        Ayant cessé d'être volage,
        Dans ce définitif collage
Contre lequel nul réactif ne prévaudra....

Telle est la loi d'amour ironiquement triste
Pour la Base et la Femme, et l'Acide et l'Amant,
        Qu'un nommé Berthollet chimiste
A formulée un jour, et que très récemment
Berthelot a détruite avec acharnement.
Berthollet? Berthelot?... Je m'en tiens à mon dire :
La raison du plus fort est la loi de l'amour.

Le brutal souteneur le prouve à l'hétaïre
En jouant sur son dos quelques airs de tambour,
Ces airs que Don Juan soupirait sur sa lyre.
Et l'Astre, vagabond sublime de l'Azur,
Cherchant de quelle Étoile il sera le futur,
        Par attraction paroxyste
        Force, dans le chaos obscur,
        La Planète à suivre sa piste,
Aussi bien que Nana, sur le trottoir impur,
        Suit Alphonse le pugiliste.

Donc, Amant, sois puissant dans le rapt et le viol,
Comme le grand seigneur Acide Vitriol ;
        Et toi, Femme, deviens tenace
        Comme la collante Potasse.

ISRAËL A LA BOURSE

Le rabbin Israël sort de la synagogue
Vers une heure : il a l'air plus farouche qu'un dogue
Et marmote des mots hébreux très inouïs.
A grands pas, tout le long des bitumes, haïs,

De notre Babylone étincelante et noire,
Il marche convulsif et gesticulatoire.
Il ne regarde point l'ouvrière en cheveux,
Le trottin qui trottine avec pas mal d'aveux
Dans la tournure ; ni les dames bien fleuries,
Nonchalantes, debout, dans les pâtisseries ;
Ni les blondes qu'on voit au coin des entresols,
Visages émergeant de la blancheur des cols
Ainsi que des bouquets de pâles violettes ;
Ni les landaus, emplis des nouvelles toilettes,
Qui vont, pour étonner le Printemps, vers le Bois ;
Ni tout ce que l'Avril met de ciel sur nos toits….
Il ne regarde rien, — terrible dans sa course,
Il gagne avec fureur la place de la Bourse.

Oh ! les fiacres ! les bons dog-cars et les coupés !
Les gens mièvres ! les gens cossus ! les gens râpés !
Le donneur de papiers qu'on jette dans la rue !
Le coulissier pensif qui gratte sa verrue ;
Le marchand de journaux qui vous happe en chemin,
Ou, trônant dans un kiosque, en quatre tours de main,
Plie un factum porteur d'une nouvelle fausse !

Oh ! les groupes, près des grilles, parlant de hausse
Sur ces fonds mal fondés que toujours rechercha,
Rude tête de Turc, Ali-Gogo-Pacha !
Oh ! la cohue ardente ! Oh ! les figures mornes
Des gens en veste bleue, à tricorne à deux cornes,
Gravissant l'escalier du bâtard Parthénon
Où, sous la colonnade, une Babel sans nom
Fait tournoyer au vent le vacarme du Chiffre,
Dont la voracité des nez crochus s'empiffre !
Plus loin, le porche obscur et corinthien du bruit !
Oh ! les troupeaux humains se heurtant vers la nuit,
Tandis que sur un ciel gris-bleu, couleur banknote,
Le soleil, louis d'or préhistorique, flotte !

Dans ce temple, ô rabbin mince ! tu pénétras
Parmi les lourds banquiers et les coulissiers gras :
Car les vices sont ronds, si les vertus sont maigres !
Là, pas de psaumes saints, pas d'orgues : des cris aigres ;
Comme hommage aux Baals qui règlent les emprunts
On jette en l'air, au lieu de fleurs et de parfums,
Des papiers blancs pareils aux neiges de théâtre,
Vers la corbeille, cirque où chacun vient combattre.
Sous les agiles doigts des juges, les crayons

Abattent l'hécatombe ample des millions
Dont le mufle Veau-d'Or est affamé sans doute.

Et soudain le rabbin cria, debout :

— « Écoute!

« Jérusalem! Jérusalem!! Jérusalem!!!
« Où sont tes Abraham et tes Mathusalem?
« David, le roi psalmiste à la harpe vibrante?...
« Trois et quatre pour cent, conversion : la Rente!
« Le Panama! le Nord! l'Orléans! Vision!
« Tes fils hurlent autour du Veau-d'Or, ô Sion!
« Ah! taisez-vous! mon œil acerbe vous contemple,
« Anciens élus de Dieu, damnés vendeurs du temple!
« Comme Moïse, avec les Tables de la Loi,
« Légion de Baal, je frapperai sur toi.
« N'es-tu point lasse enfin de suspendre à des saules
« Le luth de Jérémie, au rivage des Gaules?
« Et quand songeras-tu, peuple, ingrat fils de Sem,
« A revoir ta Jérusalem!... Jérusalem!!! »
On se taisait. Mais lui, levant vers la coupole
Ses fiers yeux, y put voir soudain le pur symbole.
Là-haut, dans un nuage épanoui d'encens,
En un triomphe exact de la vie et des sens,

En un parfum d'aurore, en une gloire d'ambre,
Suave comme un Père Éternel qui se cambre,
C'était le Juif-Errant, barbe blanche, front clair,
Beau vieillard très soigné, planant au fond de l'air.
Derrière lui, bizarre apparition jaune,
Le Veau-d'Or scintillait, avec son mufle en cône,
Ses cornes de saphir, ses yeux de diamant,
Ses quatre pieds fourchus couleur de firmament;
Sur son poitrail portant cuirasse d'émeraude,
Il trônait dans le bruit des échanges où rôde
Le relent surchauffé de mille corps humains.
Et vers lui se tendaient les cœurs, montaient les mains!
Le rabbin Israël contempla ce spectacle;
Mais, à mieux regarder, il vit, — ô tabernacle
De Sion! Aleph, Beth, Ghimel, tout l'alphabet!
Oh! Schema Yschroël! — que le Veau-d'Or avait
De la tête à la queue un harnachement d'âne :
Mors et bride, le bât sur le dos, sur le crâne
Un joug de bœuf, lui veau céleste, lui Veau-d'Or!
Et que le Juif-Errant, sans fouet et sans effort,
Domptait la bête avec des mots cabalistiques.
Il fit un geste : tout se tut sous les portiques;
Alors, interpellant le rabbin Israël,
Le Juif-Errant, sportman pour veau, du haut du ciel,

Comme un banquier que nul chèque ne déconcerte,
Liquida sa pensée énorme à caisse ouverte.

I

— « Jadis, j'étais le Juif-Errant!
Je m'en allais, toujours courant,
Et parcourais l'Univers grand :
Forêts, landes, mont, val ou grève.
J'étais vieux et le nez crochu,
L'ongle noir et le poing fourchu,
Symbole d'un peuple déchu,
Vendant des lorgnettes sans trêve.

II

« Traînant du matin jusqu'au soir
Mon étape sans reposoir,
Je ne pouvais jamais m'asseoir!
Mais, aujourd'hui, rabbin, contemple!
Ancien Juif-Errant, sans soucis,
Avec mes cinq sous épaissis,
Me voilà fièrement assis
Sur le Veau-d'Or, siège très ample.

III

« A ramasser liards et billons
Dans le secret de mes haillons,
J'ai fabriqué les millions
Qu'on tasse en des banques profondes.
J'ai pris le papier le plus vil :
Parchemin, coton ou pur fil;
Avec un grimoire subtil,
Ma signature en fait des mondes.

IV

« La Terre ne peut se passer
De ma puissance d'amasser ;
Et, si l'on ose me chasser
Des pays où fleurit le Pope,
Je soutiens, chrétiens aux abois,
Vos Républiques ou vos Rois,
Avec l'argent que mes dix doigts
Tirent des veines de l'Europe.

V

« La guerre ! elle est dans cette main !
Rien qu'en prêtant au Souverain,
Je vous déchaînerais demain,
Canons affamés de victimes.
Mais si ma caisse a des terreurs,
Malgré Rois, Reichstags, Empereurs,
Je sais museler les fureurs,
En baissant de quelques centimes.

VI

« Comme la Science et les Arts
Devenaient puissants, mes bazars
Ont pris au piège des dollars
L'Intelligence et le Génie.
Qu'ils aient sabré les vieux Pouvoirs,
Détruit et Moustiers et Manoirs,
Ils tremblent devant mes comptoirs,
Les Poètes de l'Ironie !

VII

« L'Imprimerie à tour de bras
A jeté la Bastille en bas !
La Plume, comme un coutelas,
Au champ des Lois rasa l'ivraie !
Or, le verbe et le substantif
Du plus alerte plumitif
S'arrêteront devant le Juif
Qui ne rêve pas, mais qui paie.

VIII

« Toujours orgueilleux, le Chrétien,
Se basant sur un texte ancien
Et les prédictions, peut bien
Crier encor : « Juif ! marche ! marche !! »
Sur la monture qu'il me faut,
Je galope loin du badaud,
Dans le firmament du Très-Haut,
Avec son Arc-en-Ciel pour arche.

IX

« Ne te plains donc pas, Israël,
Quand, pour le triomphe du ciel,
J'ai mis la main sur le Réel....
Jéhovah connaît ce mystère !
Car, à cheval sur ce Veau-d'Or,
Je confisque en mon coffre-fort,
L'Est, l'Ouest, le Midi, le Nord,
Et Sion possède la Terre ! »

La vision soudain disparut, et les cris
Tournèrent derechef dans les airs ahuris :
L'Italien monta, les Espagnols baissèrent,
De mains en mains des tas de millions passèrent.
Cependant que Paris, exubérant d'espoir,
S'attife pour sa fête éternelle du soir,
Attendant que ses rois, les grands Israélites,
Versent sur ses chanteurs, ses femmes, ses élites
De penseurs, de savants, de poètes, de fous,
Des bribes du butin récolté, — dont deux sous, —
A cette heure indécise où les Actionnaires
Du Gaz voient s'étaler l'or dans les réverbères
Sur la Petite Bourse et le dernier pari,
Le rabbin Israël parla, désassombri :
— « Console-toi, Jérusalem ! tes fils s'entr'aident !
Devant leur union mes anathèmes cèdent !

Tandis que les anciens preux de la Chrétienté
Ont cloué sur les murs ton nom, Fraternité,
Comme une chouette, afin d'étouffer son chant triste,
Un Juif trouve toujours quelque Juif qui l'assiste !
Gloire à Sion. »
        Après cet hosanna hautain,
Israël s'en alla vers son temple lointain,
Bénissant le Seigneur qui bénit ses cohortes.
Il regardait passer, comme des ombres mortes,
Les chrétiens accablés de honte et de soucis,
Les plaignant de ne pas être juifs, circoncis.

PETITE FÊTE INTELLECTUELLE

D' « ART NOUVEAU »

I

Au bout d'on ne sait quel Jardin d'Académus :
Café peut-être, ou brasserie, ou chambre à peintre,
Tandis que s'envolute en rubans, vers le cintre
Ou plafond, la fumée yssant des hiatus

Que montrent au regard les nez forts ou les bouches —
Oh ! ces gueules d'un tas de poètes farouches ! —
La conversation s'émeut sur des sujets
Dont beaucoup resteront à l'état de projets.
Plusieurs Bas-Bleus, d'ailleurs fantasques pour la tête,
Président on ne sait comment à cette fête ;
L'une d'elles tapant quelque chose au piano
A rendre fou l'aliéniste Franck Fourno.
Des vieux, des hommes mûrs, d'indécis impubères
De qui la puberté n'a jamais vu le jour,
Causent de poésie excitante, et d'amour
A l'instar des plus capricornicants Tibères.
L'heure est bonne : minuit sans doute, ou moins le quart :
L'heure de disserter avec sang-froid et flamme
A la fois. Quant à « l'immortalité de l'âme »,
Il faut que le sang-froid soit mort ; et c'est plus tard,
Quand on a bu trop de cognac, kümmel ou bière.
Donc, avant cet instant où saute la chaudière,
Le cerveau de Paris chez Académus bout.

Et voici ce qu'on trouve, en cousant, bout à bout
Par lambeaux, les discours de cette race altière.

II

PREMIER ÉPHÈBE

Fatigué du geste, cerné des yeux, barbe bizarre d'une nuance inattendue
dans les tons fauves, il murmure un programme tel :

Intoxiqués d'art et de musique,

Nous allons comme nous pouvons !

Et, dans un rêve hyperphysique,

Nous ne voulons plus rien savoir, ni ne savons.

UN CRITIQUE ANGLAIS

Yes.

UN CRITIQUE HISPANO-ITALIEN

Si.

L'ALIÉNISTE ALLEMAND

Ya.

UN CRITIQUE GAULOIS

Bran.

DEUXIÈME ÉPHÈBE

Trop brun, ressemblant à un Christ noir.

Certains, abrutis par des sciences occultes,

Épluchent l'X, l'Abstrait, l'Inconnu ;

Et plusieurs, parmi des tables en tumultes,
    Sentent bouillir leur front ingénu.
Mais en vain leur Azur, fuligineux, roucoule
Avec l'Esprit venu de Zénith ou d'Enfer,
Le Sphinx désespéré s'est jeté dans la mer :
C'est son énigme qui balbutie en la houle.

UN PETIT JEUNE HOMME

Rond, obèse déjà, l'air riche, cossu, mais plein de désespérance,
pousse sa plainte.

    Hélas! j'ai vu trop de couchants!
    Je voudrais voir quelques aurores!
    Cueillir parmi des prés — pleins champs! —
    De matutinaux ellébores....
    Ou grimper sur le Panthéon,
    Tandis qu'en une aube jolie
    Poindrait par-dessus Charenton
    Un soleil jeune et sans folie,
    Mais non point ce soleil banal
    Que nous offre le Démiurge...
    Non! plutôt un astre anormal
Fait de pétrole vert et de noir animal....
Astre, il est temps que tu planes, il urge! il urge!!

M. FRANCK FOURNO

Quelque douche et le bain de son ne feraient pas mal
A ce dégénéré stupide, ou tout au moins qu'il se purge.

CHŒUR DES CRITIQUES INTERNATIONAUX

Yes, si, ya.

LE GAULOIS

Bran.

Un bas-bleu demande que l'on célèbre l'amour nouveau, car l'heure n'est pas venue
de *l'immortalité de l'âme*. Aussitôt, un poète railleur prend la parole en ces
termes, dénués de courtoisie :

III

LE POÈTE RAILLEUR

Pour entretenir jeu d'amour
Avec les courtisanes grecques,
Il fallait des drachmes autour,
Comme, en ce temps, il faut des chèques.

L'Amour a perdu son bandeau,
Il sait la couleur des monnaies.
O baisers chers ! caresses gaies !
Petit cadeau ! petit cadeau !

L'ALIÉNISTE

Ce garçon comprend son époque,
Ce n'est certes point un loufoque.

CHŒUR

Yes, si, ya, — bran.

AUTRE JEUNE HOMME

Parlant à une mièvre damoiselle dont les bandeaux plats couvrent les oreilles.

Quand je t'offris mon cœur naïf,
Tu me dis, ô douce traîtresse !
Que le cœur n'est plus qu'un poncif,
Un vieux muscle auquel s'intéresse,
Seul, le scalpel exécutif. —
Et pourtant, suprême caresse,
Je veux ton cœur, viens-t'en, maîtresse. —

Veux-tu que nous disions, ce soir,
Le chapelet de nos misères?
Combien, parfois, l'amour fut noir!
Et combien, sous ses lourdes serres,
Nous étreint l'ancien désespoir!
Ma chère, la Vie est étroite
Pour le poète ou pour le roi....
Où donc est ton cœur, dis-le-moi?
Est-il à gauche, est-il à droite?

La demoiselle aux bandeaux plats, requise ainsi, prend un air sphingien mais compréhensif — autant que le lui permettent ses yeux loupisants.

IV

UN SONNETTISTE

Se risqué ici à déclamer aussitôt le « quatorzain » — il n'y a plus de sonnets —
irrégulier qu'il intitule : *Plus perfide que l'onde*, en souvenir du grand Will,
vieillard demeuré respecté parmi les jeunes.

Cœur de femme ! mensonge ! abîme de mensonge !
Le oui, le non, le vrai, le faux, tout se confond.
O lac, miroir du ciel, lorsque le chercheur plonge,
C'est la vase qu'il trouve au lieu de perle, au fond.

Je pleure !... mon front cède à l'ennui qui le ronge !...
Elle !... m'avoir menti comme toutes le font,
Dans quel but, et pourquoi? je ne sais, plus j'y songe !
Je croyais voir mon âme en son regard profond.

Pleure !... C'est par le Mal que le Bien se complète !
Sombre antithèse où Dieu se plaît, l'amer Poète !
L'épine est sous la rose, et le ver dans le fruit.

Sous un serment d'ami la trahison infâme,

La mort dans ce qui naît, le faux dans ce qui luit,

Et le mensonge impur sur tes lèvres, ô femme !

Quelques hurlements d'hommes et de femmes exaspérés accueillent cette forme archaïque de sonnet libre. Et des bas-bleus, désignant leur cœur, étoffé par des adiposités postiches, déclarent : « Ça ne ment pas ! » Lors une d'elles parle :

V

LE JEUNE BAS-BLEU

Jaquette, col viril, chapeau item.

J'aime la femme plus que l'homme. — C'est facile !

Nul mari ne s'informera,

Si je reçois à domicile

Clarence, Clairette ou Clara.

CHŒUR DES CRITIQUES

Yes — si — ya — bran.

UN BEAU JEUNE HOMME

Lèvres très pâles, yeux fatigués, se lève, alléguant :

Nous vécûmes aussi, parfois, très androgynes,

Et les sexes nous sont assez indifférents.

Pourvu que l'on rencontre, au siècle des machines,

Quelques rêves épars des grecques origines,

Nous serons, pour l'amour platonique, assez grands.

LA FEMME ÉTRANGÈRE

Lors une femme absolument étrangère à tout ce que comportent de nécessité les
rythmes de France, s'insurge et s'exclame, en vers de dix-sept, ou peut-être
seulement de quinze syllabes, ou de neuf :

Nous n'en serons pas moins, ni l'un ni l'autre, ni l'une ni l'autr

Ce sera parfaitement fort bien ou mal.

On a vu, au pré, parfois un pâtre

Se coucher nu à plat ventre sur le sol,

Do, mi, la, ré, do, ou sur le dos....

Ce sont choses là que l'on répudie,

Quand sonne midi.

Mais, si c'est minuit et demi, pauvre petite amie

Presque nue,

On voudrait retarder la lune encore suave

En devenant l'esclave, sans nulle entrave,

De la chère et vaillante insomnie...

Pour vous revoir amie, oh! toute nue,

Comme la lune en la nue.

Cela nous rappellerait l'exil
De très anciens Ainsi-Soit-Il.

Des bravos s'épandent autour de la charmeresse bas-bleu, d'ailleurs arménienne, qui vient de proférer ces paroles en français. Le critique gaulois, lâchant le *bran* de sa formule, n'hésite point à offrir un diagnostic oraculaire :

LE CRITIQUE GAULOIS

Ce que dit un Arménien,
Surtout si c'est une Arménienne,
Quelle que soit sa forme éolienne,
C'est très bien, c'est toujours très bien.

VI

LE SUPRÊME CHANSONNIER

Encore imbu des rimes trop riches.

Tu voulus que je te menasse
Au noir péril de la menace,
Quand l'on ouït le caïman
De la Vertu crier « maman ».
Or, malgré ta fièvre importune,
J'obtempère, car qu'importe une
Ou deux ou trois libations !
Chère, sur le lit bas, scions
Du bois de cerf pour maints divorces :
Car je possède les dix forces
Qui du royal Hercule — un homm'! —
Firent le dieu d'Herculanum.

Cette plaisanterie, dénuée de sel, fait hausser les épaules dans tout le jardin d'Académus.

Le critique anglais, qui n'a encore, trop préoccupé par le gin et le wisky, éjaculé que divers « yes », s'exclame :

Cette individioue est stioupide !

A quoi le critique italien, dont tout le monde ignore le nom et l'adresse, ajoute :

C'était veramente splendide !

Mais l'allemand, qui ne perd nulle occasion de marquer sa supériorité, définit :

Dans le domaine de folie,
Cela se nomme écholalie.

Lors réapparaît le sonnettiste, qui, furieux de son insuccès antérieur, se risque en la bagarre ! Audacieux, il dégoise un second « quatorzain ». Des cris féroces l'accueillent, — « A bas les vers esclaves ! vivent les vers libres ! » — Un sculpteur gigantesque jette à la porte le poète, dernier sectateur des formes fixes. L'aliéniste allemand se roule. Ce tumulte irrite un poète jeune et quadragénaire, aux tempes blanchissantes ; il se risque à parler au nom de l'Éros éternel, charnel :

VII

LE JEUNE QUADRAGÉNAIRE

Ne crois pas à l'Amour ineffable et torpide.

Mais les baisers sont fiers, crois à la Volupté.
Avance! Et que, brutal, ton désir se débride,
Et triomphe du Sexe ennemi, mais dompté.

L'Amour que, vainement, on évoque en un rêve.
Le plus doux psychologue ignore ce que c'est.
Le Plaisir! il reluit dans la minute brève;
Et, comment il advient, chacun de nous le sait.

S'alanguir! à quoi bon? Pour vivre, il faut qu'on vibre;
Être en muscles, pouvoir tambouriner ses nerfs.
Honni soit le poussif qui vante l'équilibre!
Nous voulons ton zigzag, ô foudre! et tes éclairs.

Or, femme, donne-moi, puisque tu le possèdes,
Le ciel particulier où cet orage a lieu.
Je te demande tout, et tu me le concèdes;
Et nous voilà promus, toi déesse, moi dieu.

Sois heureuse, quand j'ai dénoué ton écharpe
Sous le vieux ciel-de-lit plein d'un jeune ouragan.
Tu sentiras vibrer tes nerfs, comme une harpe
Éolienne dans un souffle extravagant.

Ce sont là de loyaux et vrais épithalames.

Le geste bestial de la chute des reins

Plongeant le glaive amour dans le rêve des femmes

Est Celui qui nous rend créateurs souverains.

Le poète jeune et quadragénaire, ayant proféré ces stances d'une voix sonore, issue d'un thorax bombé, se rassied, visiblement flatté par le regard humide que jettent sur son ossature les pâles demoiselles à bandeaux plats.

L'ALIÉNISTE ALLEMAND

Voilà bien l'érotomanie
Dont souffre la Gaule honnie.

Le chœur « yes-si-bran » reste muet.

Mais un forcené partisan du vers libre, flou, musical, se dresse. Est-il belge? on l'assure, mais plusieurs le jugent polonais ou suédois. Il déclare, dès l'abord, que son poème na pas de titre, étant une synthèse :

VIII

LE POÈTE BELGE ET SUÉDOIS

Le Rêve, c'est la Force,
Dans cette humanité d'argent,
Où l'homme le plus riche est un indigent,
Si son âme ne sait briser l'écorce, l'épaisse écorce
Du matérialisme inintelligent,
D'un rayon exurgeant
Pour nous tirer vers l'azur, et baigner notre torse
Dans l'infini vague et le ciel indulgent,
Où l'on s'en va, nageant, nageant.
Le rêve, c'est la joie et l'élastique force,
Pour le poète qui va, triste et songeant.

Seigneur! comme la vie est gaie!
On dirait une haie,
Derrière quoi rien ne serait rien!
Tous les gens vivent en mal ou bien,
Ils boivent de la fausse joie ou de la vraie...
Et le ciel futur leur paraît très ancien.
Vous qui songez le long des routes,
Enfiévrés d'espoirs ou de maints doutes,

Laissez l'apparence et le faux réel.

On n'a pas de chagrin trop cruel,

Si l'on possède les Étoiles, toutes,

Dans un grand regard lancé vers les voûtes

De cet infini tangible, le ciel,

Où Quelqu'un semble être aux écoutes

Et contemple nos petites joutes

Contre l'effort du monde âpre et matériel.

Seigneur! Seigneur! ouvrez-nous votre ciel.

L'aliéniste allemand bout d'une colère muette, le chœur des critiques demeure atterré. L'assemblée sent venir l'heure où l'on va *discuter l'immortalité de l'âme.* Mais un philosophe ironique, saisissant cette minute, se dresse sibyllin ; et, mélangeant les syntaxes et les dogmes, figurant l'apparence par l'adjectif, et le réel par le substantif, tandis que les adverbes et interjections formulent le rêve que les conjonctions essaient de relier au réel, amalgamant tout, il parle sous ce titre :

IX

ADJECTIVISME ADVERBIAL

Auprès du fier Pourquoi le noir Comment se dresse.

Le Jamais les poursuit ; mais l'Éternellement,

Dans le mystère d'une inféconde caresse,

Jette sur le Pourquoi le baiser du Comment.

Le Peut-Être s'impose aux timorés du rêve ;
Et, dans le tourbillon des mortelles amours,
Le Pas-Possible, froid et tranchant comme un glaive,
Fauche les cœurs humains assoiffés du Toujours.

Devenu le jouet des Effets, hors des Causes,
L'œil aime l'oripeau d'où le corps est absent ;
Et, les Roses n'exprimant plus que couleurs roses,
La Substance s'éteint sous l'Adjectif pesant.

O parasites verts ! bariolés faussaires !
Ces Adjectifs, ces Adverbes exorbitants
Envoûtent de leurs étendards de janissaires
Les Substantifs vizirs, et les Verbes sultans.

Quel chef réprimera ces hordes en tumulte,
Ces eunuques émasculant la volonté
Du Substantif à qui seul appartient le culte,
Et du Verbe en qui seul fleurit la Vérité ?

O jour ! Quand la Substance, étalant sa Superbe,
Domptera le troupeau des colorations !
O force !! Quand le Verbe égorgera l'Adverbe
Devant l'effarement des Interjections !!!

Mais d'ici là, Pourquoi près de Comment se dresse ;

Et Jamais les poursuit ; mais Éternellement,

Dans le mystère d'une inféconde caresse,

Jette sur le Pourquoi le baiser du Comment.

Aussitôt, parmi la fumée d'alcool et de tabac, s'élève une discussion confuse, éro-
tique parfois, surtout mystique et théologique. L'heure de *l'âme* ayant sonné, soit
deux heures du matin, tous s'en vont dans la nuit, songeant à Iodévohé, à Çakia-
Mouni, au Néant-non-Néant, sous l'œil inquiet des matérialistes sergots.
Ils regagnent de vagues demeures.

X

Tombent de courts instants.

Puis les Ames s'étreignent

En des Corps haletants,

Et les Luxures règnent.

ALMANACH

CHANSON DE DÉCEMBRE

Comme un nuage de neige,
La tristesse pèse au cœur.
Ah! que le vin nous protège,
Et pourchasse la rancœur!

Les hères! les pauvres hères
Sanglotent sous le ciel gris.
Ridicules atmosphères,
Vous pesez trop sur Paris!

Sans ressort, les baromètres
Dégringolent, et l'on voit
Pas une fleur aux fenêtres,
Et des glaces plein le toit.

Dans une petite enceinte,
Des monomanes, assis,
Boivent des verres d'absinthe
Pour aggraver leurs soucis.

Puis, ce sont des bocks de bière
Dûment salicylatés,
Qui nous viennent de Bavière
Empoisonner nos gaietés.

Et même les gens artistes
Relisent Schopenhauer;
Puis, pour se rendre plus tristes,
Ils écoutent du Wagner.

Chante, harpe! O flûte, siffle!
Berlioz, sur son piédestal,
Gémit sous le vent qui gifle
Sa figure de métal.

Tous pleurent comme des saules
Sur leur choucroute du soir.
Moi, je bois le vin des Gaules,
Et j'y retrouve l'espoir.

Sont-ce pas des giboulées?
Neige ou grêle, ce n'est rien.
L'azur trace des allées
Dans le parc aérien.

La Provence est-elle ingrate?
Crois-tu que le Languedoc
Permet que Paris s'empâte
Sous des nuages en toc?

Le Midi connaît le rite
Pour ranimer Apollon.
Que le Décembre hypocrite
Rengaine son aquilon.

Laisse là ta pipe morte !
Musèle Schopenhauer !
Que toute musique avorte,
Sauf la chanson du dessert !

Comme un nuage de neige,
La tristesse pèse au cœur !
Mais le bon vin nous protège,
Et pourchasse la rancœur.

JANVIER

Voici le sieur Janvier qui vient (ou qui s'amène).
Bébés, boueux, facteurs, concierges, camelots
Accueillent son retour avec un rire amène ;
Mais les autres humains s'effondrent en sanglots.

Ils vont, ces humains-là, pleurant comme des sources ;
Et sous l'amer Premier de l'An courbant le dos,
Une à une épuisant leurs plus vastes ressources,
Ils se grèvent d'emprunts pour faire des cadeaux.

Ils regardent s'enfuir vers des poches avides
La sueur de leurs fronts en gouttelettes d'or.
Et quand ils croient avoir la paix — ô Danaïdes ! —
D'autres goussets béants se présentent encor.

C'est le télégraphien oublié sur la liste ;
Un ex-vidangeur qui se dit « Tout-à-l'Égout » ;
Certain filleul dont on avait perdu la piste,
A qui l'on ne doit rien et qui réclame tout.

C'est le fils du neveu de l'oncle d'une nièce
D'un cousin de l'arrière-fils d'un bisaïeul !!!...
O généalogique arbre ! ô suprême pièce !
Et sur sa poche vide on s'endort, enfin seul.

Aussi, résignons-nous aux étrennes farouches :
Donnons aux croque-morts, aux allumeurs de gaz.
Que les blasphèmes vains expirent dans nos bouches !
Et, comptant les Premier de l'An, mourons ! *Hic Pax* !

LES BANQUETS

I

CE QUE DIT LE VIVEUR LASSÉ

Voici venir le Carnaval !
Les dindes subissent le pal
Dans l'enceinte des rôtissoires ;
Des lièvres répondent : « J'y vais ! »

A l'appel des sombres civets,
Mijotant dans des bassinoires.

On voit, sur l'ampleur des fourneaux,
Les alouettes — ces moineaux ! —
Revêtir de lard leurs entrailles,
Partageant le gril mitoyen
Avec le perdreau citoyen,
Et ces marquisettes, les cailles.

Par la chapelure étoffés,
Déjà les pieds de porc truffés
Embaument mieux que des ministres.
Les chats, qui savent les destins,
Promènent leurs pas clandestins
Loin des tournebroches sinistres.

Chez la duchesse, chez Margot,
Chez le banquier, chez le gogo,
Chez le voleur et chez le pante,
Pour absorber les vins dorés,

D'au moins quarante-cinq degrés
Les gosiers se mettent en pente.

On fera couler, là-dedans,
Par les rateliers ou les dents,
Pour dissoudre d'énormes viandes,
Les bourgognes incontestés,
Et les bordeaux les mieux rentés,
Et les champagnes à légendes.

Hélas! Seigneur! ça ne va pas!
J'ai beau m'asseoir à ces repas,
Je suis faible dans la bataille!
Ma fourchette a trop de loisir,
Et mon couteau se sent moisir,
Près des verres de toute taille.

En vain l'absinthe, le vermout,
Et le kümmel servant de knout
Aux indociles sucs gastriques,
Amer, bitter, madère ou byrrh,

Ont tenté de ragaillardir
Mes vieux appétits féeriques.

Dès le potage je suis plein,
Et ne peux mener au moulin
Qu'une douzaine de marennes ;
Je regarde, la larme à l'œil,
Passer le cuissot de chevreuil,
Et les truffes, négresses reines.

Ah ! si du moins les cuisiniers
Cessaient d'être aussi routiniers,
Et songeaient au Progrès-Lumière,
Mon pharynx ressusciterait,
Et, dans le neuf, on le verrait
Recouvrer sa verve première !

Il suffirait, sur les menus,
D'indiquer des plats, inconnus
Même aux plus modernes pituites :
Des mets qu'on n'aurait jamais dits,
Tombés exprès du Paradis
Avec des sauces inédites.

Quelques abattis d'albatros,
Des tripes de rhinocéros,
Ou des côtelettes de tigre ;
La Tarasque maître d'hôtel,
La Tarasque, que maint Vatel
Comme comestible dénigre !

L'aspic, le boa constrictor
Et le crotale, pas encor
Ne jonchent une bouillabaisse !
Je veux des œufs de caïman,
Et le phoque, qui dit « Maman »,
Les fera cuire dans sa graisse.

Oh ! du beurre de papillons !
Une moutarde de rayons !
Et du poivre rouge d'éclipse !
Pour qui de la crème voudrait,
Une sainte vierge trairait
La Bête de l'Apocalypse.

J'ai tant le désir de manger !
Ah ! si je pouvais égorger,
Sur un radeau perdu, des mousses !

Ou dévorer, en plein Paris,
A la sauce poudre-de-riz,
Plusieurs horizontales rousses !

II

LA RÉPONSE D'ESAÜ AU VIVEUR

Je revenais de tirer l'arc
Contre les fauves, dans un parc :
J'étais las et j'étais bredouille.
J'avais l'estomac à l'envers....

LES BANQUETS.

Faim terrible ! quand je vins vers
Jacob qui faisait sa pot-bouille.

Lui, très doux, comme un cul-de-plomb,
Accepta, — ce ne fut pas long, —
Pour sa soupe, mon droit d'aînesse.
Mais je ne me suis jamais plaint
D'avoir payé pour être plein :
C'est le seul bien que je connaisse.

Toi qui gémis, tu n'es qu'un snob,
Et tu ressembles à Jacob,
En voulant passer pour le prince.
Parisien, mon cher garçon,
Aîné des hommes, sans façon
Redeviens cadet de province.

Pour rester chef des abrutis,
Chez les viveurs sans appétits,
D'apéritifs tu t'émoustilles.
Marche comme un chasseur rural,
Et bientôt, robuste et brutal,
Tu dévoreras les lentilles.

Tu seras, parmi les cadets,
Traité de rustre et de dadais
Par les fiers aînés de la Bourse,
Mais tu mangeras d'un bon bec,
Et quelquefois, sur ton pain sec,
Le vrai vin ouvrira sa source.

AU BAL DE L'OPÉRA

Tout valse dans les cieux : le Soleil et la Lune,
La Grande-Ourse aux sept pieds, et le triple Orion,
Mercure, Vénus, Mars, Jupiter et Neptune.
Que ce soit vers l'Austral ou le Septentrion,

Les Astres avec les Étoiles, leurs conjointes,
Suivant un invisible archet qui les conduit,
Piquent de leur chahut le parquet de la nuit,
Et furieusement valsent sur leurs cinq pointes.

Seul, le jeune homme chic, au bal de l'Opéra,
Jamais, jamais ne valsera !

Tout danse sur la terre, ou rayons, ou nuages ;
Le bonnet de Nana par-dessus les moulins,
Et l'anse du panier, et les écus volages,
Et le rire prenant les ventres pour tremplins.
C'est une sarabande, un quadrille bizarre
Où les futurs canons répètent leur cancan.
Le sportman qui voudrait danser sur un volcan
N'a qu'à le demander : le volcan n'est pas rare.

Seul, le jeune homme chic, au bal de l'Opéra,
Jamais, jamais ne dansera !

Tout tourne, ô Galilée ! et tourne-vire-vire :
La boussole fringante et celui qui la perd,
Le cœur de don Juan et la tête d'Elvire,
Et le disque des trains qui joue à rouge et vert.
Dans l'immobilité morne rien ne séjourne ;
Et tout tourne : un ministre autant qu'un député,
L'aiguille du cartel, les rois à l'écarté,
Et, comme un écureuil, le lait lui-même tourne.

Seul, le jeune homme chic, au bal de l'Opéra,
    Jamais, jamais ne tournera !

Et pourtant les couleurs, en kaléidoscope,
Sous les lustres spectraux éparpillent leurs tons.
Une tache qui bouge, exulte, s'enveloppe,
Parmi le tantara des cornets à piston.
Fracs noirs, si dans le spleen vos âmes sont recluses,
Aveugles aux couleurs et sourdes aux accords,
Emmenez vos ennuis se promener dehors,
Et ne faites pas fuir Aspasie et ses muses....

Mais le jeune homme chic, au bal de l'Opéra,
Dùt-il en crever, restera.

NOCTAMBULISME

I

Très fatigué, le poète
Quitta la fête.
L'opéra du Carnaval,
Le grand bal,

Et sa maigre silhouette
          Comme un feu follet
S'avançait dans la nuit brune,
          Avec un reflet
          Du clair de la lune.

II

Par la nuit mélancolique,
          Peu bucolique,
Il emportait dans ses yeux,
          Soucieux,
Le souvenir diabolique
          Des quadrilles fous,
Et cette valse importune
          D'un rythme si doux...
          Au clair de la lune.

III

Tout à coup dans le ciel sombre
          Il vit une ombre,

Qui monta d'un pas subit
      Au zénith.
Puis il en vit un grand nombre,
      En procession,
Qui s'élevait sans aucune
      Conversation,
      Au clair de la lune.

IV

Il aperçut Colombine
      Faisant la mine
A son amant, le pasquin
      Arlequin,
Et puis, traînant sa débine,
      Un Pierrot chicard,
Avec sa Pierrette brune
      Faisant un écart,
      Au clair de la lune.

V

Madame Polichinelle
En péronnelle,
Montrant ses bosses qui sont
Deux de front ;
Et, dans une ritournelle,
Quatre gros messieurs,
Pour faire un trou de fortune,
Sautant jusqu'aux cieux,
Au clair de la lune.

VI

Des pompiers, des fous, des pitres,
Et des bélîtres,
Viennent du monde d'en bas
Par gros tas ;
Et, plus ivres que des litres,

Des mahométans,
Chacun avec sa chacune
    Dansant tout le temps,
    Au clair de la lune.

VII

Et puis des violonistes,
        Et des cornistes,
Suivis d'un trombone d'or
        Soufflant fort ;
Mais tous ces mornes artistes
    Montant dans la nuit,
Ne faisaient musique aucune...
    Pas le moindre bruit,
    Au clair de la lune.

VIII

Ainsi qu'une immense houle,
        Dantesque foule,
Des masques et des valseurs

Très noceurs,
Vers le gros astre qui roule
Dans le fond de l'air,
S'en vont fouettés par une
Volonté d'enfer,
Au clair de la lune.

IX

O lugubres accolades
De gens malades !
Vertige immense de fous,
Pauvres loups !
Vers l'astre, les promenades
Montent pour finir ;
Et des valseuses pas une
Ne doit revenir,
Au clair de la lune.

X

La morte Lune bégueule,
Ouvrant sa gueule,
Prend les couples hasardeux
Deux par deux;
Elle voudrait être seule
Aux firmaments sourds,
Mais sans la moindre lacune,
Il en vient toujours,
Au clair de la lune.

XI

On dirait une comète
A pâle tête,
Ayant pour queue un fouillis
De chienlits....
Las! un nuage s'arrête
Juste au beau milieu....
Mais une aurore opportune
Fait le jour, au lieu
Du clair de la lune.

ENVOI

Prince Habit noir, mon cher complice, si tu veux,
Je décrirai l'orgie et le mal aux cheveux,
Pour en donner l'horreur aux noctambules jeunes,
Les ramener vers les carêmes et les jeûnes,
De sorte qu'évitant, ô Lune! tes accès,
Ils puissent même en vers parler clair et français.

CARÊME-PÉNITENCE

Dans son lit bleu, d'un bleu si pâle,
Tel un pastel d'azur éteint,
Tandis qu'un rayon du matin
Met des reflets sur le satin,

La Belle-Madame s'étale,
Seule et pure, en son lit bleu pâle.

Elle n'est point nue — oh! que non! —
Et sa chemise de linon
Possède col et longues manches.
Ce vêtement l'ensevelit
Du menton jusqu'aux pattes blanches.
On pourrait découvrir le lit
Sans découvrir ni seins ni hanches,
Rien de ce corps où s'embellit
La grâce des neiges rosées.
Elle a même les mains croisées.

Ainsi, seule, elle réfléchit
Au dernier sermon du « bon père » :
Il faut songer à Jésus-Christ.
Oui, pas plus tard qu'hier, ma chère,
Elle oublia le rendez-vous
Où son amant se désespère.
Et, même, elle évinça l'époux,

Cet en-cas d'un soir solitaire,
Et fit sa prière, à genoux,
Sur le tapis de l'adultère.

Elle a rêvé d'anges joufflus
N'ayant point de corps, mais des ailes,
Du paradis pour les élus,
De l'enfer pour les infidèles.
Elle a pris un peu de café,
Avec brioche, mais sans crème :
Il faut bien jeûner en carême.
Et, dans son cœur, très étoffé
Par un charnel capitonnage,
La crainte de Dieu, seule, nage.
Quant au reste?... L'auto-da-fé.

Et, pleine d'ardeur, elle pense
Au sacrement de pénitence,
Car « *Nipson anomèmata*
Mê monan opsin ». Dans Byzance,
A Sainte-Sophie, on sculpta

Ce précepte, en vers rétrograde,
Autour d'un bénitier de jade,
Et cela veut dire ceci :
« Ne lave point seul ton visage,
Mais lave tes péchés aussi ».

Et la Madame, grave et sage,
A tant de choses à laver :
Sa chair d'abord, et puis son âme,
Qu'elle devient tout feu tout flamme,
Et se décide à se lever.
Bientôt, ses petons minuscules
Et roses ont chaussé les mules.
En chemise, elle va se voir
Pour relever sa chevelure,
Et, se saluant au miroir,
Récapituler sa figure.

Puis, une idée ! En un tiroir
Elle déniche un scapulaire
Du couvent, bien vieux, en lambeau,

Qu'elle mettra, femme exemplaire,
Tout à l'heure, à même la peau....
Satan peut se faire lenlaire.

Et puis, d'un geste rituel,
Elle fait tomber sa chemise :
Pour le lavage habituel,
La chemise n'est pas de mise.
Parfois, l'impudeur est permise,
S'il faut se laver pour le ciel.

Dans son cabinet de toilette,
Elle vaque aux ablutions,
Et dans la psyché se reflète
Sa chair, sous ces libations
Qu'on doit à Vénus Aphrodite :
Eau mousseuse et parfum normal.

A pied, et parfois à cheval,
Il faut laver la chair maudite.
Mais, tandis que son corps s'agite,

La Belle-Madame médite
Et songe au confessionnal.
Elle ira, le matin, sans doute....
Non, vers cinq heures sera mieux.
Ce fut le moment (que j'y goûte !)
Des rendez-vous luxurieux.

Et, tout en poudrant sa peau nue,
En mettant du rose et du clair
Sur le clair-rose de sa chair,
Tandis que sa gorge menue,
Ses hanches et son ventre fier
En l'Amour mettent confiance,
Elle, sa houpette à la main,
Et méprisant son corps humain,
Prépare, avec âme et croyance,
Son examen de conscience.
Il lui semble ouïr une voix :
« Dieu ! quels péchés ! Combien de fois ? »
Combien ? oui ; mais Comment ? est pire.
Et, pourtant, il faudra le dire....

Elle les repasse en détail :
« Oh! tel soir, quel épouvantail !
Ce fut vraiment toute la lyre !
Et, pourtant, il faudra le dire. »

Et, debout devant sa psyché,
Elle rougit de son péché
Tant qu'elle peut, et puis elle ôte
De son chignon son peigne d'or
Et s'exerce au *Confiteor*
En disant trois fois : « C'est ma faute ».

Or, tandis que son grand souci,
Porté vers la vie éternelle,
Maudit l'existence charnelle,
Tandis qu'elle s'exerce ainsi
A renoncer à tout ceci
Qu'on appelle « Ça » dans les fièvres;
Malgré ses remords sérieux,
Et ses élans mystérieux
Vers les anges aux corps si mièvres,

Un sourire luit dans ses yeux,
Et, comme un témoin curieux,
Sa langue passe sur ses lèvres.

IMPRESSION DE CERCLE

Dans le premier salon, un pianiste égrène
Mélancoliquement une fugue sereine ;
Le capitaine, assis, lit un vague journal ;
Un congestionné digère en animal,

Et soupire; là-bas, le petit rastaquouère
Emprunte trois louis au duc de la Flouère.
Et, soudain, entr'ouvrant les portes, solennel,
Un valet de carreau clame : « Messieurs, l'appel ! »
L'appel ! oh ! le pstt-pstt de la dame de pique,
La voix de Charlemagne auquel David réplique !
Et tous, d'un même bond, vers la salle de jeu,
Sur les tapis muets vont à la queue-leu-leu.
Le pianiste, seul, narguant les Huit perfides,
Devant quatre journaux et trente fauteuils vides,
Jette du Beethoven sur le clavier vibrant.

(Dans la salle de jeu.)

Le croupier Charle, ancien garçon de restaurant,
Devenu sérieux et fier, grâce au pourboire,
Promenant sa palette à forme d'écumoire,
L'œil sec, le zygoma morose, le nez froid,
Cravaté haut, portant un rubis à son doigt,
Pousse l'enchère avec une voix provocante :
« Banque à vingt-cinq louis, messieurs, trente, cinquante,
Cent ! Nous sommes à cent pour monsieur de Ponto....
Banque ouverte ! Adjugée à monsieur Méphisto....
Faites l'appel, Joseph. » — Et Joseph, en culotte

Vert-pomme et bas de soie, exécute, — ô cagnotte ! —
L'appel des condamnés : « Le comte Saint-Bernard ?
— Présent. — Le petit Zed ?—Présent. —Monsieur Renard,
Au trois ; monsieur Machin, quatre ; le capitaine,
Au cinq ; au neuf ; au douze. » — Et, de façon hautaine,
Le croupier fait rouler en arc, sur le tapis,
Les cartes contenant le tant-mieux ou tant-pis.

Le banquier Méphisto s'assied, plein de pensées.
Les cartes passent. — Vu. — Les cartes sont passées.
Dans l'opaque lointain, le piano gémit
Une sonate sourde où le maëstro mit
La passion confuse et brûlante de flamme
Que les nerfs secoués transportent jusqu'à l'âme :
La fermentation des rêves superflus !
Ici, les jeux sont faits : « Messieurs, rien ne va plus, »
Dit le croupier. Et, lent, Méphisto — banque ouverte —
Lance sur le tapis, vert d'espérance verte,
Cartes à droite, à gauche, à lui ; puis, grave et fort,
Il abat Neuf, et Neuf indéfiniment : l'Or,
Les billets, les jetons et les plaques de nacre,
Régiments balayés par la main du massacre,
En massifs triomphaux s'entassent devant lui.
O lutte ! contemplant un tel butin enfui,

Les pontes enragés marchent contre la Veine.
— La main à Saint-Bernard ! La main au capitaine !...
L'un emprunte au croupier, l'autre emprunte au garçon.
Pour voir, le pianiste a laissé sa chanson.
Les billets les plus chers sortent de leurs cachettes ;
Raclent l'argent les doigts pareils à des fourchettes ;
Des regards soupçonneux auscultent Méphisto....
Lui, comme s'il jouait en province, au loto,
Froidement abat Neuf sur les pontes qui geignent.
Malheur ! malheur ! malheur ! les plus chics se dépeignent ;
A gratter le tapis moussu comme un cercueil,
Leurs ongles dépolis se revêtent de deuil.
Oh ! Méphisto sorcier, est-ce donc que tu triches,
Pour démolir ainsi les merveilleux fétiches :
Sous percés, bois de cerf et corde de pendu ?
Plainte vaine ! le sort leur dit : « Tout est perdu ».

Ah ! vous pouvez ponter, pardieu, mon capitaine,
Vous n'augmenterez pas la pension certaine
Que vous fait le gouvernement ; mais le Soleil,
Se levant tout à coup dans un brouillard vermeil,
Vous verra, vieux guerrier, subir cette torture
D'emprunter les fameux cent sous de la voiture
A Joseph bas-de-soie et culotte-satin.

IMPRESSION DE CERCLE.

Et l'Astre rougira pour vous dans le matin.

Les balayeurs, fauchant de leurs balais l'asphalte,
Silencieux et lourds, tout à coup feront halte
Pour regarder de loin passer les décavés,
Flageolant dans le froid de l'aurore, crevés,
Remâchant l'ironie amère des cagnottes
Où leur sueur d'argent se condense en banknotes;
Tandis que, tout là-bas, le railleur Méphisto,
Pour cacher un rictus, relève son manteau.

Bast! qu'importe? le doux pianiste homérique
Court rêver dans son lit au Théâtre-Lyrique
Où l'on jouera sans doute — en Belgique, tu sais! —
L'étonnant opéra qu'il n'écrira jamais.

(Au dehors.)

Les vaincus de la vie aux longues faces pâles
Marchent, ratatinés, sous les lourdes rafales,
Toute la nuit, sur les bitumes et trottoirs,
Perdus, maigres, maudits, ténébreusement noirs.
C'est la procession des fantômes du Dante,
Saccadée, — allegro parfois, parfois andante, —

Selon que le sommeil ou la fièvre les prend :
Les pavés sont si durs! et Paris est si grand!
Où vont-ils? nul ne sait : ils errent noctambules,
Jusqu'au lointain moment des premiers crépuscules.
Les uns sont des zingueurs sans ouvrage, chassés
De leur hôtel garni; d'autres, des cœurs blessés
Fuyant le lit vidé de l'ancienne délice ;
D'autres sont des traqueurs hantés de la police ;
D'autres, filles de joie ayant perdu l'espoir
De trouver un suiveur qui les loge ce soir :
La fille de plaisir emportant sur sa lèvre,
Rapide lentement, un souvenir de fièvre,
La fille-mère allant vers les bouches d'égouts ;
Un ivrogne chercheur d'asile, des jaloux,
Des balayeurs portant le balai sur l'épaule,
Des repris de justice en rupture de geôle....
Noir monde! Se traînant sur leurs maigres talons,
Ils regardent parfois, d'en-bas, tous ces salons,
Aux fenêtres luisant de lumière, où l'on joue,
Et se sentent frémir de haine dans la boue!

Ces coupés attendant à la porte d'honneur....
Dieu de Dieu! C'est là-haut la joie et le bonheur!...

O JUSTICE!

Après avoir coupé l'artère jugulaire
Avec son énorme couteau,
L'assassin élégant, féroce et sans colère,
Reprit sa canne et son manteau.

La fille gisait morte, auprès du lit, la tête
   Dans un maquillage de sang....
Lui, pour aller laver ses mains dans la cuvette,
   La poussa du pied en passant.
Elle avait la paupière à peu près retournée,
   Et des yeux torves, sans regards....
Il prit quelques bijoux sur une cheminée
   Et des billets de banque épars.

Les deux bras, convulsés par la suprême crampe,
   Se tordaient autour des genoux....
Quand il eut mis ses gants, il souffla sur la lampe,
   Et s'en alla, discret et doux.

Comme il avait le temps d'arriver à la gare
   Qui mène à Compiègne ou Meudon,
Il alluma le très mirifique cigare
   Duquel la morte lui fit don.
Il disait : « J'aime assez le Paris noctambule,
   On y trouve plus d'un bon coup :
Il est vrai que, ce soir, il serait ridicule
   De juguler un second cou !

De plus, l'heure est malsaine, et la police faite
    Par tant d'absurdes non-valeurs,
Que l'on peut rencontrer, en quête de conquête,
    Moins de femmes que de voleurs !... »
Et, fier d'une formule aussi fondamentale,
    L'assassin marchait en gaieté,
Songeant que sa victime était horizontale,
    Désormais, pour l'éternité.

Mais un vieil homme, assis sur le bord du bitume,
    Et qui gémissait dans le froid,
Nu-pieds, nu-tête, ayant un sayon pour costume,
    Devant lui se plaça tout droit.
Il dit : « J'ai faim, monsieur, j'attends, là, dans la rue,
    Espérant un morceau de pain....
Ah ! ne prenez point garde à ma mine bourrue :
    Je suis honnête, mais j'ai faim ! »

L'autre, tremblant devant ce mendiant fossile,
    Lui crie : « Arrière, vagabond ! »
Si bien que trois ou quatre ou cinq sergents de ville
    De l'ombre surgissent en rond :

— « Agents, gardez ce vieux ! que la justice règne ! »
Dit paisiblement l'assassin.

Et, le cigare aux dents, pour Meudon ou Compiègne
Il va prendre le premier train.

TEMPS DE PLUIE

Paris a quelquefois des allures funèbres.

Le Brouillard et la Pluie appellent les Ténèbres,
Et leur disent : Venez transformer en tombeau
Ce Paris qu'un soleil fait si vivant et beau ;

Venez ! nous tournerons le long des avenues.
Au cœur des amoureux, au cœur des ingénues,
Nous ravirons le clair bouquet aux mille fleurs,
Et nous y placerons l'immortelle des pleurs ; —
Les rires se fondront au souffle de la brume ;
Et les joyeux d'hier, désertant le bitume,
Sous leurs manteaux pareils aux suaires des morts
S'enfuiront éperdus. — Ils faibliront, ces forts ! —
Au lieu d'oublier tout, et de brûler la vie,
Ils auront des sursauts de terreur et d'envie :
Ils se rappelleront la mort de chers parents. —
O les rêves défunts, les soucis écœurants !
Les nuits d'antan, et les maîtresses disparues !
Ils auront le dégoût des squares et des rues ;
Ils rentreront chez eux, pénibles, l'œil fondant,
Et près de l'âtre obscur où la flamme en grondant
Essaiera de lutter contre la bise amère,
Ils penseront combien leur vie est éphémère,
Combien tout est banal, inutile, odieux.
Les plus fiers sertiront de larmes leurs deux yeux,
L'homme de cœur aura des pensers de couleuvre,
L'artiste se prendra de dégoût pour son œuvre,
Le penseur cherchera son front, sans le trouver ;
Tous passeront leur temps en lutte, à s'énerver,

Vaincus comme Israël combattant contre l'ange ;
Leur idéal disparaîtra, noyé de fange.
Ils baisseront la tête, et diront : Qu'y a-t-il ?
Et nous viendrons avec notre venin subtil
Répondre : Rien, il n'y a Rien, Hommes ni Choses ;
Rien, parfums d'Idéal ; rien, souvenirs de Roses ;
Les femmes ne sont rien, et l'Avenir n'est rien !
Pur néant ! Rien le Beau ! rien le Vrai ! rien le Bien !

Or, pour fuir ce logis que la tristesse oxyde,
Où tournent des pensers vagues de suicide,
Pour fuir le spleen, l'amer dégoût, et les remords !
Ils voudront ressortir. — Hélas ! rentrer dehors !
Chercher en des coins noirs des amis invisibles,
Recommencer, mouillés, sinistres, impossibles,
La marche sous la pluie effroyable, traînant
Suicide, remords et spleen à l'avenant, —

Jusqu'à ce qu'un rayon, perçant la voûte noire,
De nouveau les convie à chanter, rire et boire,
A réaimer Paris, ses femmes et ses fleurs....

En attendant, venez, ô princesses des pleurs,
Venez, Brumes, venez, Fanges, venez, Ténèbres !

Paris a quelquefois des allures funèbres.

CHANSON QUELCONQUE

Malgré maintes déconvenues,
Et l'averse tombant des nues,
Aux marronniers des avenues
Déjà les feuilles sont venues.

On va voir les thyrses tremblants
Secouer leurs encensoirs blancs
Au profit de promeneurs lents
Que guettent les rêves troublants...
Semblant troublants, semblant tremblants.

Le long de toutes les corniches
Les oiseaux se feront des niches,
Ninis zélés pour leurs niniches,
Ils jaseront : « Dis où tu niches? »
En tournant autour des corniches.

Les passants les imiteront.
Ils aimeront, se marieront,
Nul, au printemps, n'aurait le front
D'empêcher de danser en rond....
Puis, peut-être, ils divorceront.

Malgré maintes déconvenues
Et l'averse fluant des nues,
Aux platanes des avenues
Déjà les feuilles sont venues...
Ainsi que des chansons cornues.

ATHLÈTE

Autrefois on avait du goût pour les chloroses,
On flagellait sa chair pour se pâlir le teint ;
Quand on mangeait, c'était un repas clandestin ;
Et l'on mourait, plutôt qu'avoir les lèvres roses.

Romantiques noyés dans le bleu, les névroses
Secouaient votre corps chétivement éteint.
Un poumon attaqué, tel était le destin :
La mort trouvait en vous l'avocat de ses causes.

Aujourd'hui c'est la vie âpre, la volonté
De se tenir debout, hautain et respecté,
De ne plus conquérir par la pitié les femmes.

Si l'Homme pour les dieux défunts est moins dévot,
Les muscles sont puissants et puissantes les âmes :
Un corps d'athlète enfin doit porter le cerveau.

SI J'ÉTAIS ROI DANS LE PAYS LATIN

Si j'avais l'honneur, par la Ville,
D'être étudiant, svelte et beau,
Je voudrais, sur la foule abjecte, mais civile,
Étinceler, pareil au plus royal flambeau.

Je dirais à la Pharmacie,
    A la Thérapeutique, au Droit :
« La Faculté quadruple et morose me scie,
Et l'examen le plus corsé me laisse froid ! »

    Je m'en irais, l'âme hantée
    Par le sourire de Cypris,
Voir comment Polyphème espionne Galatée
Dans les festons de la fontaine Médicis.

    Loin du Panthéon, cette ornière,
    Loin des éternels béabas,
Vaillant, je piocherais l'école buissonnière
Où l'on prend sa licence, en ne s'inscrivant pas.

    J'aimerais, parmi les verdures,
    Mêler mon printemps au printemps,
Et marier des fleurs à des gorges très dures,
O belle anatomie et code des vingt ans !

J'aurais de nouvelles idées,
N'importe quelles ! du nouveau :
Et ne chanterais point, en mes folles bordées,
Les refrains du Pont-Vieux, ni les airs du Caveau.

Je délaisserais les apôtres
Du gibus et du veston pur ;
Je voudrais m'habiller autrement que les autres,
D'un drap d'héliotrope ou d'un velours d'azur.

Je mettrais des chapeaux à plume,
Un dolman fauve à brandebourg,
Des bottes maroquin, sonnant sur le bitume,
Et le pantalon, vert comme le Luxembourg.

Ce rêve est bien mil huit cent trente
Ou mil huit cent quarante-huit...
Dans les banalités et les cours de la rente,
La foule jeune ou vieille, hélas ! *turba ruit.*

De sorte — ô miracle des choses !
Jeunes vieux, et printemps vieilli ! —
Que les anciens rosiers, seuls, s'habillent de roses.
Tel, passa, roi toujours, Barbey d'Aurevilly.

'Les pauvres et gais fantaisistes
Adorent encor les couleurs.
Les autres, qui seront des notaires fort tristes,
Se battent pour de l'or et non pas pour les fleurs.

SOIR DE PARIS

— Où vas-tu ce soir, ô rêve de joie?
Les trottoirs sont longs sous les pas tremblants.
— Mais l'azur est doux, et le gaz déploie
Sur le noir du soir des papillons blancs :

Au désir d'amour mon rêve est en proie.
O les mains de fée et les yeux de soie,
Les baisers de chair froids et violents !
— Où vas-tu ce soir, mon rêve de joie?
Les trottoirs sont longs sous les pas tremblants.

— Où vas-tu ce soir, ô rêve d'angoisse?
L'air est aussi gai qu'il était hier.
— Mais dans le réel le désir se poisse,
Le fond des flacons a le goût amer.
La cloche de Dieu tinte à la paroisse.
La chauve-souris en passant me froisse
Et donne un frisson à ma pauvre chair....
— Où vas-tu ce soir, mon rêve d'angoisse?
L'air est aussi gai qu'il était hier.

— Où vas-tu ce soir, ô rêve de gloire?
L'avenir est clos par l'arrêt de mort.
— Mais on ne peut pas toujours rire et boire !
Rien n'est aussi beau qu'un loyal effort :

Inscrire son nom aux pages d'histoire,
Piquer son rayon dans la voûte noire
Où depuis longtemps la lune s'endort.
— Où vas-tu ce soir, ô rêve de gloire?
L'avenir se clôt par l'arrêt de mort.

— Où vas-tu ce soir, rêve de folie?
Rêve de folie, où vas-tu ce soir?
— Qu'importent les yeux de fille jolie?
Qu'importe la joie ou le désespoir?
Au nocturne ciel c'est une embellie
Qui colore en bleu la mélancolie;
Les lutins d'azur dansent dans le noir.
— Où vas-tu ce soir, rêve de folie?
Rêve de folie, où vas-tu ce soir?

Où vas-tu ce soir?... Prends garde à la Lune!
C'est un astre mort qui tue en passant.
— Mais je n'ai souci de terreur aucune
Dans l'aimé Paris noir et frémissant.

La tristesse est blonde et la joie est brune,
Elles vont à deux chercher l'infortune,
Et vivre c'est vivre en les bénissant.
— Va-t'en donc, le soir, sous le ciel de Lune,
C'est un astre doux qui rêve en passant.

LES COMMUNIANTES

Elles vont, les Communiantes,
Pareilles à des lilas blancs.
Mai jette aux brises ambiantes
Ses premiers effluves troublants,
Lorsque les marronniers tremblants

Écoutent la chanson nocturne
Des rossignols énamourés,
Et que le Ciel, penchant son urne,
Verse un fleuve d'astres dorés
Sur la Grand'Ville taciturne.
Mai jette aux brises du matin,
Tire-lire et ter-lin-tin-tin,
La romance des hirondelles,
Le babillage des moineaux ;
Mai cadence des ritournelles
Sur les quatre points cardinaux.
Et le soir vient, dans sa féerie
Traînant les couples d'amoureux :
Mois d'amour et mois de Marie,
En des crépuscules scabreux
Toutes les bouches souriantes
Trouvent des baisers insolents.

Elles vont, les Communiantes,
Pareilles à des lilas blancs.

... Printemps-poète qui s'exalte
Et demande qu'on fasse halte
Dans l'espoir, loin du froid souci ;

Mais Printemps-philosophe aussi,
Qui, tandis que luttent les Germes
Contre le Néant vorateur,
Ouvre un regard contemplateur
Vers les inéluctables termes
Où ce seront, seuls, les plus fermes
Parmi les boutons nouveau-nés,
Parmi les pointes mi-écloses
Qui verront la saison des Roses
Rougir les Étés fortunés,
Tandis qu'en chutes effrayantes
Le faible tourne à tous les vents !...

Elles vont, les Communiantes,
Pareilles à des lilas blancs.

Quelles d'entre vous, ô fillettes,
Passantes en albes toilettes,
Candidates du Lendemain,
Quelles seront femmes et mères,
Et quelles seront éphémères,
Jonchant d'espoirs morts le chemin ?
Ce costume des fiancées,
Que vous portez sans y songer,

Est-ce que les bises glacées
Vous permettront de l'allonger
Pour l'orner de fleurs d'oranger?
Fleur de pêcher, seras-tu pêche?
Sera-ce l'hymen ou l'amour
Qui cueillera le fruit un jour?
Ou, dans un linceul comme atour,
Suivras-tu la Vierge revêche,
La Mort aux zygomas brûlants,
Aux larges dents stupéfiantes?...

Elles vont, les Communiantes
Pareilles à des lilas blancs.

SONNET D'ÉPÉE

L'Épée a soif. Alors on va dans la verdure :
On est dix, en comptant cochers et médecins,
Quatre témoins, et deux modernes spadassins
Qui doivent s'épingler le bras d'une piqûre.

Au prochain cabaret mijote la friture.
L'aubergiste tourna ses couteaux assassins
Vers les canards, qu'un jeu bizarre des destins,
A propos de duel, transforme en nourriture.

Bientôt, le premier sang qu'on réclame est versé.
Mais, tandis qu'un docteur éponge le blessé,
L'Épée allonge à sec sa langue vipérine.

Elle rêve qu'ils sont rouges, les coutelas !...
Aussi, lasse parfois de vacciner des bras,
Elle boit à grands coups le sang d'une poitrine.

FAUSSE PAIX DES TOMBES

C'était l'autre dimanche. — A travers monts et vaux,
Lorsque pour le Grand Prix une cohue immense,
Sous un tardif soleil secouant sa démence,
Pontait avec ferveur sur le dos des chevaux.

J'allais seul dans un cimetière de banlieue,
— A Levallois-Perret, pourquoi vous le celer? —
Sis au rez d'un terrain qui semble dévaler
Vers la Seine, parfois jaune, mais parfois bleue.

Sépulture accrochée au rebord d'un talus
De la route de fer, où le genre humain passe :
Toute la Normandie, et la provende grasse
Des bœufs, dans les concours agricoles élus.

Trains de beurre, le jour ; la nuit, trains de marée !
Des Anglais qui s'en vont revoir l'île de Wight ;
Des paris-mutuels criant parfois « All right »
A quelques cors de chasse esquissant la curée.

Versailles, Saint-Germain, Argenteuil et Sannois,
Nanterre, Bois-Colombe, ô mes amis, Asnières !.
Un peuple d'émigrés roulant vers leurs tanières !
Et le Havre, Rouen, Cherbourg, trois cents convois !!..

Ce ne sont plus des trains, pardieu! ce sont des trombes !
Quelque chose qui roule, et qui siffle, et qui fond,
Brutal comme un obus énorme, sur le pont....
Et, seul, je m'en allais rêver parmi les tombes.

Lorsqu'une m'arrêta par son calme apparent;
Je lus : « Ci-gît la Paix — Onésime Durand,
Employé, né en tant, mort à tel millésime — ».
Infortuné Durand! pauvre, pauvre Onésime!!

Ce mort avait vécu, comme bien d'autres morts,
Chevaux de l'omnibus de la Vie, avec mors,
Timons, longes, brancards, coups de fouet et croupières;
Traînant les jours ainsi que tombereaux de pierres :
Canassons, essayant de vivre et mourir bien,
En réclamant du ciel le foin bi-quotidien!
Un quelconque, à travers les bruits de la Planète,
Lassé d'être un cordon au bout d'une sonnette,
Et cherchant, à trois pieds dans l'ombre, — espoir d'un fol!
Dans le sous-sol, la paix que refuse le sol.

Il me sembla l'ouïr, du profond de la terre,
Gémir : « Je fus, Seigneur, un doux célibataire,
Employé très exact, et tel qu'un bordereau;
J'allais, chaque matin, m'asseoir à mon bureau,
Dans Levallois-Perret, ayant à la mairie
La comptabilité de ce qui se marie,
De ce qui naît ou meurt, bref tout l'état civil!

Or, dites? s'échiner? à quoi cela sert-il?
Je demandais pour prix une paix à toute aise :
Ah! j'aurais pu dormir dans le Père-Lachaise,
Comme tant! J'aimai mieux le repos souhaité
D'une concession à perpétuité
Dans la campagne, avec des chansons plein les herbes! » —
« Ci-gît la paix!... » Pourtant les destins sont acerbes,
Alas, pauvre Durand! La guerre est ici-bas,
Mais l'Après nous réserve encor d'autres combats!
Pauvre Durand! la Paix? ci-gît la Paix? l'Enfer,
Dans ce champ de repos sous un chemin de fer!
L'Éternité nous pousse à jamais dans l'Espace :
Onésime! la Paix? — Voici le train qui passe!

TRIOMPHAL JOCKEY!

On dit que le Cheval est roi
Durant cette « Grande Semaine »,
Et que Paris est le domaine .
Où d'une longueur il fait loi ;

Mais — « Hippothéose » chétive ! —
Un Anglais monté sur son dos,
Cravache la peau de ses os...
Roi?... Misère! A peine khédive...

Pauvre Cheval, ancien lion
Des rutilantes épopées,
Où tu courais vers des épées
Sous les yeux de Napoléon !

Sur la colonne triomphale
D'où le César s'envolera,
Ce n'est point toi que l'on mettra,
Fils d'Étalon et de Cavale.

Car le jockey règle ton jeu
Avec, pour sceptre, sa cravache :
Quand il te tire ou qu'il te lâche,
Cheval-Roi, ton jockey, c'est Dieu !

Tandis que tu foules, il roule,
T'exténuant jusqu'au poteau.
Alors, il est grand, noble et beau
Parmi les hurrahs de la foule.

Que, jadis, le type indiqué
De la Beauté reine du monde
Ce fût Vénus où la Joconde,
Dorénavant, c'est le Jockey.

Amour et gloire ! Qu'on lui donne
Ton socle, ô Vénus de Milo !
Et toi, César, vieux gigolo,
Descends un peu de ta colonne !

ÉGLOGUE PARISIAQUE

TENTATION

I

Si j'avais quelque peu d'argent,
Je m'en irais à la campagne
Dans un sleeping-car diligent,
Si j'avais quelque peu d'argent.

Avec un sourire indulgent
Je congédìrais ma compagne.
Si j'avais quelque peu d'argent,
Je m'en irais à la campagne.

II

Je m'en irais là-bas, bien loin,
Dans quelque effroyable contrée
Où je dénicherais un coin.
Je m'en irais là-bas, bien loin.
Je me construirais dans du foin
Une thébaïde ignorée.
Je m'en irais là-bas, bien loin,
Dans quelque effroyable contrée.

III

Je déjeunerais d'un œuf frais,
Et je souperais d'un fromage;
Dans un coquetier fait exprès
Je déjeunerais d'un œuf frais;
Et, par miracle, je ferais
De l'eau mon unique breuvage.
Je déjeunerais d'un œuf frais
Et je dînerais d'un fromage.

IV

Je ne verrais plus les grands toits
Où le soleil grille l'ardoise.
Dans le voisinage des bois,
Je ne verrais plus les grands toits,
Ni ma voisine, frais minois
Orné d'une lèvre-framboise.
Je ne verrais plus les grands toits
Où le soleil grille l'ardoise.

V

Je ne mettrais plus d'habit noir,
De gilet, de cravate blanche.
Pour aller parader le soir,
Je ne mettrais plus d'habit noir.
Je serais habillé d'espoir,
Coiffé d'un chapeau de pervenche.
Je ne mettrais plus d'habit noir,
De gilet, de cravate blanche.

VI

J'oublierais les belles de nuit
Et les princesses de la rampe ;
J'irais prendre un autre déduit.
J'oublierais les belles de nuit !
Dans l'odeur *generis sui*
De la Margoton qui se campe,
J'oublierais les belles de nuit
Et les princesses de la rampe.

VII

Je n'aurais point là de papier,
Ni d'encre Mathieu, ni de plumes.
Oh ! plus de vers à recopier !
Je n'aurais point là de papier.
Et je ne mettrais plus sur pied
Des poèmes ou chants bitumes !
Je n'aurais point là de papier,
Ni d'encre Mathieu, ni de plumes.

VIII

Et je n'aurais plus de discours
A prononcer aux Hydropathes :
Étant seul, je me tais toujours.
Je ne ferais plus de discours....
Comment haranguer les bois sourds,
Et les bêtes à quatre pattes ?
Là, je n'aurais plus de discours
A prononcer aux Hydropathes.

IX

Je n'entendrais plus les clameurs
Des jaloux et des imbéciles,
Les racontars et les rumeurs !
Je n'entendrais plus de clameurs !
J'écouterais les moissonneurs
Chanter des romances fossiles.
Je n'entendrais plus les clameurs
Des jaloux et des imbéciles.

X

Je comprendrais peut-être bien
L'amour de la pêche à la ligne.
Étendu sur un sable ancien,
Je comprendrais peut-être bien !
Oh ! rester, sans penser à rien,
Devant un poisson qui s'esbigne !
Je comprendrais peut-être bien
L'amour de la pêche à la ligne.

XI

Mais, hélas ! je suis à Paris
Par une chaleur tropicale ;
Et j'ai des aspects ahuris,
Car me voilà seul à Paris.
Je fume dans du papier riz
La cigarette monacale ;
Car me voilà seul à Paris
Par une chaleur tropicale.

NOTES CYCLISTES

Sur ma fidèle Rudge aux virantes pédales,
Circonvolvant mes sandales loin des scandales,
Loin des bruits de la Ville et des troubles égouts,
Je fuis vers la Forêt et les horizons flous.

Tant de femmes s'en sont allées,
Bois de Boulogne, en tes allées,
Sur des Humber, sur des Whitworth
Ou des Gladiator qu'on renomme,
Que tu n'es plus qu'un vélodrome
Où l'ancien persil serait mort.

Et, sur la route ensoleillée,
La pédale jette un éclair ;
La fine jambe dérouillée
Bat la mesure du plein air.
Reviendrez-vous, belles mesdames?...
Elles passent comme des flammes,
Les gants blancs et le teint rosé.
Qui sait où va leur rêve osé?
Et, seul, le cinématographe
Pendant leur fuite les agrafe.

A peine aperçoit-on leurs yeux
Et deux mollets harmonieux, —
Pastel si rapide qui bouge.
Mais le reste qu'on n'a pu voir,

Maintes le montreront, ce soir,
En envolée au Moulin-Rouge.

Vous, Dame, revenez chez vous
Vite rassurer votre époux
Dont le regard vers vous se penche
Pour savoir quel trop grand élan
A fait palpiter votre sang.
Murmurez-lui d'un ton troublant :
« Nous tandémiserons dimanche!... »

Cyclons et pédalons en emballages fous !

Sur ma fidèle Rudge aux virantes pédales,
Circonvolvant mes sandales loin des scandales,
Loin des bruits de la Ville et des troubles égouts,
Tout en rêvant je cours vers les horizons flous.

La Fortune, Déesse aveugle
Vers qui le Veau-d'Or toujours meugle,

N'avait qu'une roue — et sans pneu ! —
Voyante, elle ajoute la roue
De derrière, et dès lors se joue
Yeux ouverts sur l'horizon bleu,
Aussi bleu qu'un billet de Banque !
Entraîneuse ! Pas un ne manque
De la coller à queue-leu-leu.

Amants de la cruelle Belle,
Craignez qu'au virage une « pelle »
Ne démolisse votre jeu.
Elle-même parfois dérape ;
Mais, très vive, elle se rattrape :
Et sa « bûche » attise son feu.

Cours donc, vitesse de la foule !
L'Univers roule, roule, roule....
Les vélos ne sont jamais las.
L'automobile vient de naître,
Et dévore le kilomètre
Avec un alerte fracas.
Le chien ennemi s'amadoue
Et ne poursuit plus cette roue
Qu'hier il ne comprenait pas.
La Société Protectrice
Des Animaux, en rêve, esquisse
Le cheval se croisant les bras.

Sur ma fidèle Rudge aux virantes pédales,
Circonvolvant en coups rapides mes sandales,
Loin des bruits de la Ville et des troubles égouts,

Je cours vers la Forêt et les horizons flous.
J'ouvre dans l'air plus pur mes yeux et ma narine,
Et l'ozone du ciel élargit ma poitrine.

Chasse le spleen du crâne et du cœur les dégoûts,
O Bécane! et que Dieu garde ton pneu des clous!
    Ou qu'une innovation du diable
    Nous dote enfin d'un increvable!
        O Perrodil,
        Ainsi soit-il.

PARIS PORT DE MER

Uit! uit! uit! Le sifflet aigu
Des locomotives cuivrées
Hèle les foules bigarrées
Loin des steppes de l'Ambigu.

La Vapeur se change en Sirène :
Avec de langoureux accents
Elle hallucine les passants,
Et sous l'horizon les entraîne.

Les Rêves habitent là-bas.
On a maquillé les campagnes,
Et les plus austères montagnes
Font risette avec leurs frimas.

La Nature verte se pâme !
En style de tabellion,
Tordant sa gueule de lion,
L'Océan fait de la réclame.

Uit ! uit ! pschitt ! futt ! siffle, sifflet,
Et qu'importe que tu t'enroues !

Et toi, fais voler tes six roues,
Monstre de fer joyeux et laid.

Et Vous? Vois-tu, chère Chérie,
Ne demande pas où s'enfuit,
Pour se dérober à l'Ennui,
Cette multitude ahurie.

Sois sûre qu'ils nous reviendront
Plus basanés que feu Basane ;
D'aucuns s'écrieront : « Je fus âne
De me changer en vagabond ».

Le Parisien sent qu'il se gêne
A n'être plus gêné. Les monts
Ont lassé vite ses poumons ;
L'Océan lui coupe l'haleine.

Quelques rations d'oxygène
Parmi les pins ou goémons !
Et puis flûte pour les sermons
De la Montagne et de la Plaine !

Sur le sable, arpenté le soir,
Il regrette le cher trottoir,
Où rutile le candélabre.
Il crie : « O cidre que je bois,
Plage où ma gaîté se délabre,.
Rendez-moi les pavés en bois ! »

Attends-les, chère, vers l'automne :
L'oreille basse, l'œil atone,
Faisant leurs compliments contrits
A la Grand'Ville de Paris
Que rien de ses ingrats n'étonne.
Ils seront pleins de désespoir.

Et, pour écrire leurs excuses,
Ils embrasseront le trottoir.
Avec des allures confuses,

Ils iront tirer leurs chapeaux
Aux omnibus à trois chevaux !
Et, bourrelés de remords âcres,
Tu les verras agenouillés,
Le cœur gros et les yeux mouillés,
Devant les stations de fiacres !
Et le plus fier, le plus romain,
Le plus titré sur parchemin,
Ira, d'une façon marrie,
Très humblement serrer la main
Au vieil Orgue de Barbarie !

N'allons point si loin chercher le Retour :
    Reste ici, Chérie,
Dans un paradoxe étonnant d'amour
    Pour notre patrie,
Nous aurons la Lune et le Soleil lourd,
    L'Étoile fleurie.

Le Pays-Paris, Cité bon garçon
    Digne de ton culte,
Est un Océan rude à sa façon,
    Et de gai tumulte.
A deux pas le Bois ; et, sur l'horizon,
    Le Mont Martre exulte.

Vers le Point-du-Jour, voici les marins
    Sous les grandes arches.
En domptant les flots, ils sont plus sereins
    Que des patriarches.
Le Trocadéro fait cambrer les reins
    Sur ses longues marches.

Douce forêt à falbala,
Vivement les Champs-Élysées
S'illuminent de-ci de-là.
Sous les branches vertdegrisées,
Les jeunesses désabusées,
Près des familles apaisées,
Vont écouter du tralala.

Mais si ton âme, ô femmelette!
Lasse de ce flux babilleur,
Veut une ascension complète
Vers un espace ensoleilleur,

ÉGLOGUE PARISIAQUE.

Sous le ciel, loin de tout railleur,
On se sent devenir meilleur
Près du Moulin de la Galette.

Planons au pays des oiseaux,
Buvons les brises effrénées.
Tandis qu'à nos pieds, dans les eaux
De tes houles bituminées,
Nagent des foules obstinées,
O Paris, dont les cheminées
Ressemblent aux mâts des vaisseaux !

MAMAN NATURE

Les chevaux du Grand-Prix ont couru, lestés d'or ;
Les hip des bookmakers gorgés sonnent encor,
Et le soleil d'été, plus rouge qu'un ivrogne,
Va dormir sous le Bois déserté de Boulogne.

La nuit tombe, Paris s'allume. Clignoteurs,
Déjà s'ouvrent les yeux des fiacres fureteurs.
Déjà les boulevards piquent en enfilades
Leurs étoiles de gaz, sous les arbres malades
Qui tendent vers le ciel muet leurs bras poudreux,
En songeant que jamais il ne fait nuit pour eux.

Les fiers sportsmen, les sportswomen, les cochers rustres,
De bouchons de tschimpaign ont mitraillé des lustres.
All right! et c'est fini. C'est l'aube du départ,
L'heure du ticket bleu, l'heure du sleeping-car.

Ruminant son brasier, la machine renifle;
Sous son postillon noir, se cabrant, elle siffle....
Puis, parmi les fardeaux roulant le long des quais,
Courent, valise au poing, les Parisiens gais.

Là tous les ventres lourds, toutes les courbatures,
Les yeux cernés, les nerfs finis, et les tortures
Des corsets d'un hiver où l'on a trop dansé,
Le cœur repu, le cœur séché, le cœur blessé,

La pléthore fondante et la jaune anémie,
La muse sans poète, et l'amant sans amie,
Tous les spleens et tous les fanages de l'hiver,
Et le porte-monnaie à sec; et cet amer
Décavage, plus dur que la goutte ou que l'asthme :
La parisianite aiguë, et le marasme;
Tous les vices perclus, tanguant sur leurs boulets;
Les chapeaux féminins, les masculins complets, —
Tous! ils partent ce soir, pareils au fils prodigue,
Vers un Ailleurs quelconque, — et fouette, ô Fatigue!

Partis! Le paysage inverse fuit : tantôt
Pont en l'air, pont en bas, talus, parfois îlot
De masures parmi des tessons de bouteilles,
Jetant au terrain vague un mensonge de treilles.
Puis l'horizon verdi, qui s'irise soudain
Parmi le clair-obscur olive du matin;
Les champs zébrés de vert, ou de brun, ou de jaune;
Le bois taillis, le tas de fumier mis en cône;
Le château du duc Bac ou du financier Zut;
Et puis le taqueta du wagon, le fut-fut,
Et toujours le sifflet perçant de la machine,
Jument qui sur la pente, héroïque, s'échine....

Un noir tunnel, façon de tombeau pour vivants ;
Puis, au sortir, là-bas, sous les rayons levants,
Les nuages fuyards dégageant les espaces,
Parmi la symphonie, en sopranos et basses,
Des ramages d'oiseaux et des abois de chiens,
Et, tout loin, l'azur des flots océaniens
Où le soleil s'allume. — Et le voyageur lève
Vers l'horizon son œil encor embu de rêve.

O ! notre père à tous, dieu Pan, je viens à toi,
Fils prodigue, je veux me rasseoir sous ton toit,
Doux palais de feuillage étoffé d'oxygène.
Chez les Parisiens j'ai supporté la gêne, .
Ayant trop dépensé du cœur et des poumons,
Rends-moi mon sang parmi tes pins et goémons.
O nature ! forêts, clairières, étendues,
Verdures, profondeurs, vous m'êtes donc rendues !
Salut, pins vénérés, platanes, peupliers,
O pampres rougissants, et vous, neigeux pommiers !
Salut, fleurs des buissons, salut, ô clématites,
Pâquerettes des prés qui jamais ne mentîtes !
Salut, rochers hantés des faunes par les nuits !
Salut, chemins errants, guérisseurs des ennuis !

Je m'élance à travers les bois, et, sur les grèves,
Je reprends où je les ai perdus, tous mes rêves :
Parmi les sapins noirs, les bruyères en fleurs,
Dans le miroitement et dans les sept couleurs
D'un fleuve d'arc-en-ciel ruisselant sous les arbres,
Sans allée au cordeau, sans les bancs, sans les marbres !
Musiques et parfums, brises, ô douces voix !
On m'avait enfermé loin de vous, sous des toits.
Mais, pour ne pas mourir, ton fils, maman Nature,
Veut encor se plonger dans ton agriculture.

Et toi, vieil Océan, aïeul des bisaïeux,
Apaise ta fureur pour tes petits neveux !
Qu'un phosphore vivant anime ton écume,
Que la volupté tourne en valse dans ta brume !
O vieillard ! sois pour moi plus doux qu'Anacréon,
Et pour moi fais chanter ta gueule de lion.
Je veux prendre tes flots à pleins bras, et ma bouche
Veut essuyer encor ton gai baiser farouche ;
Dans mes cheveux épars, je veux, vieil Océan,
Éperdument sentir ton souffle de géant.
A toi, Soleil, d'épandre emmy les vagues folles
Tes sequins de rayons ainsi que des oboles.

A vous, rose des vents et rafales des mers,
De m'enivrer de sel et de parfums amers !

I

Ainsi, souvent, les fils prodigues,
Ayant jadis brisé les digues
Pour fuir le toit familial,
Lorsqu'à travers leur folle course
Ils trouvent le fond de leur bourse,
Resongent au droit filial.

II

Quand l'illécébrante Grand'Ville
Les tord sous quelque joug servile,
Et les malmène à tour de bras ;
Loin des fumiers de la misère,
Ils s'en retournent chez le père,
Pour tuer encor le veau gras.

III

De même nous, les névropathes,
Fatigués du cœur et des pattes,
Dès que sonne l'Été vermeil,
Chez Pan, et chez Nature-Mère
Nous allons tuer la chimère,
En buvant un coup de soleil.

IV

Et l'Océan avunculaire
Apaise pour nous sa colère,
L'énorme bourru bienfaisant ;
Dans nos vides porte-monnaie,
Glissant de l'existence gaie
Avec du flux et du jusant.

V

Le vieux Pan se met à l'ouvrage ;
Et pour nous rendre bon courage,
Il chauffe ses horizons gras ;
Tandis que la maman Nature,
Travaux d'aiguille et de couture,
Retape à neuf ses fils ingrats.

VI

Mais lorsque l'escarcelle est pleine.
Quand les poumons ont pris l'haleine
Des bois et des soleils couchants,
Foin des gratitudes civiles :
Pour reprendre la clé des villes
On met au clou la clé des champs.

Car novembre est venu ; la bise se lamente,
La nature gémit — se rappelant ses deuils ;
Le père Pan très sombre enclôt dans des cercueils
Roses et papillons péris dans la tourmente.

L'Océan, secouant sa crinière écumante,
Guette les yachts joyeux au détour des écueils;
Les veaux gras sont mangés, et près des vastes seuils
Les loups viennent ravir la carcasse dormante.

L'Hiver, huissier farouche, apporte des frimas;
Il a son chapeau gris, et l'on voit sous son bras
Les catarrhes timbrés et les rhumes à terme.

Comme un feu d'artifice éteint, déjà rouillé,
Sans pétard d'oiselets, sans fleurettes en germe,
Le bois brumeux et noir se dresse dépouillé.

*
* *

. . . .
O Pan! la cité grande, où la tourbe fourmille,
N'est que la concubine, et toi, c'est la famille,
Toi! c'est le jour, la vie honnête, le repos,
Les vins non frelatés écumant dans les pots....

Mais si tu redeviens le vieux père qui gifle,
Et si maman Nature a pleuré, — le train siffle,
Ouvrant ses yeux rêveurs pour lorgner l'horizon !
Ne pleure pas, maman Nature, sans raison ;
Car elle est belle aussi, la cité concubine,
Mangeuse de santé formidable et câline.
Tes fils sont mis à neuf de cervelle et de sang !
Laisse-leur voir, la nuit, le gaz éblouissant —
Pour jusqu'à l'an prochain. — Eh, messieurs, en voiture !
Au revoir, papa Pan ; bonsoir, maman Nature.

BIBLIOPHILIE

BIBLIOPHILIE

A Madame Henri Beraldi.

Quelques-uns aimeront les chevaux, nobles bêtes,
Et les feront courir au drome vert des fêtes
Sous l'œil exaspéré des Paris-Mutuels.
D'autres, loin de la frappe et des poinçons cruels
Qu'inscrivent sur nos fronts la Vie et ses batailles,
Amasseront des tas de vétustes médailles,

Ou bien des pots auxquels manque une anse, ou, parfois,
Les pipes de la Grande-Armée : écume et bois.
Voici le timbre-poste et le philatéliste....
Oh ! les timbres timbrés que l'on suit à la piste
A travers les bureaux des continents épars,
En rêvant qu'il en vient de la planète Mars !
Et voici les tableaux que l'on couvrit de chèques !
Galerie et cimaise ! ah ! les pinacothèques,
Où tant de Trouillebert singeront le Corot,
Où les Rembrandt signés figurent un tel lot,
Des constellations si fécondes de toiles,
En nombre surpassant le sable des étoiles,
Que ce Rembrandt, eût-il vécu mille et trente ans,
Pour signer tout ce stock n'aurait pas eu le temps :
Mais dans un cadre d'or si tel tableau se dresse,
Qu'importe le Rembrandt, pourvu qu'on ait l'ivresse !

Des zoologisants amassent un trésor
De papillons allant du bleu pâle au ton d'or :
Coléoptère, orthoptère, lépidoptère.
Les ibis empaillés ouvrent des yeux de verre,
Et le perroquet mort continue à grimper.
Des botanistes fous de crime iront couper
En leur jeune destin les roses, étonnées

De sécher en l'herbier-sépulcre, à peine nées :
Les simples ne sont pas si simples que l'on croit,
O sorciers! ils voudraient vivre ce que leur doit,
De soleil, ou de pluie, ou de vent, la Nature.
Mais la boîte en fer-blanc les requiert, froide et dure ;
Car elle n'entend rien, la forte passion :
Collection! collection! collection!

Or, parmi tous ceux-là que leur désir rend ivres,
Donnons la palme d'or à l'amateur des livres.
Car les Livres sont Forêt sainte, Bois divin,
Dont le Bibliophile est l'amoureux sylvain.
Comme s'il butinait des lilas et des roses,
Il va cueillant les vers colorés et les proses ;
Une vignette parle ainsi qu'un chant d'oiseau,
La nymphe Reliure a des parfums de peau,
Et l'édition rare est un vin pur qui grise!
Oh! la grande Forêt des Livres! quelle brise
Glisse sur les in-seize et le maroquin cher!
Sur les rayons, le ciel se mire dans « l'enfer ».

—Être très noblement l'héritier des ancêtres,
C'est beaucoup! — Seulement, mieux vaut créer des êtres,
Fonder une tribu de livres fiers et purs

Pour le plus grand espoir des Beraldi futurs.
Donner l'essor à des mirobolants volumes
Sortis de crayons neufs et de modernes plumes,
Et plutôt qu'éditer Villon, prendre Goudeau....
Cela — comme dirait Hugo — Madame, est beau !
Oh ! ne plus imposer à Jouas, à Lepère,
L'éternelle *Manon* dont Prévost fut le père,
Mais ouïr le poète errant qui va rêvant,
Se saisir d'un vivant dans le Paris vivant
Pour lui faire chanter l'essence de la vie,
La fièvre du moment jamais inassouvie,
C'est plus original, inattendu. C'est mieux
Que d'éternellement chanter d'éternels vieux.

Or ma Chanson passait abrupte, et barbouillée,
D'une typographie absurdement rouillée,
Sur papier sans honneur bon pour le chiffonnier, —
Miséreuse Chanson de l'errant chansonnier ! —
Passe un Bibliophile en quête d'aventure,
Il mène la Chanson se meubler chez Lahure
En caractères neufs, sur chine ou sur vélin ;
Oh ! le lin ! et la soie encor mieux que le lin !
Puis chez l'illustrateur un fin décor de rêve ;
Et sur la presse à bras l'éclosion s'achève.

Alors, quand la Chanson en un livre se tient,
Voici pour l'habiller le relieur qui vient :
Marius ou Mercier — (rouge doublé d'olive,
Compartiments extérieurs) — et qui s'active
Sur le fini de la dentelle au petit fer.
Enfin, le Livre est né, noble, puissant et fier,
Lourd de poids, fin de mors, et bloc de forme altière,
Exquis de tranche-fil et creusé de gouttière !

Ira donc la Chanson vers la Postérité,
Printanière sous son vêtement enchanté.
L'Amateur, que l'espoir des beaux livres assoiffe,
Encor dans trois cents ans lui pincera la coiffe.

Donc le Bibliophile, apte à création,
Est, Madame, le dieu de la Collection.

TABLE

TABLE

TABLE.

ÉGLOGUE PARISIAQUE.

BIBLIOPHILIE.

ACHEVÉ D'IMPRIMER

LE 15 OCTOBRE 1897

SUR LES PRESSES A BRAS DE LAHURE

Jattefaux, prote à la composition
Olivet, prote aux machines
Prince, metteur en pages
Jorion, pressier.

Le vingt octobre mil huit cent quatre-vingt-dix-sept, les bois de Jouas gravés par Paillard pour l'illustration des *POÈMES PARISIENS* (et dont il n'existe pas de clichés) ont été brûlés par M. Moret, chef mécanicien de l'Imprimerie générale, en présence de MM. Henri Beraldi, Lahure et Bauche.